Datenschutz – *leicht gemacht*

GELBE SERIE – *leicht gemacht*
Herausgegeben von Helwig Hassenpflug

Die *leicht gemacht*-Lehrbücher führen Studierende erfolgreich in die Fächer Recht (GELBE SERIE) und Steuern / Rechnungswesen (BLAUE SERIE) ein, indem sie besonderes Augenmerk auf didaktische Erfordernisse legen und die wichtigsten Grundlagen vermitteln. Die Bände richten sich insbesondere an Anfängerinnen und Anfänger ohne Vorkenntnisse und sind daher ideal für den Einstieg und zur Prüfungsvorbereitung.

Weitere spannende Bände unter:
www.leicht-gemacht.de

# Datenschutz
## *leicht gemacht* ✓

Management personenbezogener Daten
im Unternehmen: EU-DSGVO, BDSG & DSMS

von Alexander Deicke und Leonie Schönhagen

Edition Wissenschaft & Praxis

Bibliografische Information der Deutschen Nationalbibliothek

Die Deutsche Nationalbibliothek verzeichnet diese Publikation in der Deutschen Nationalbibliografie; detaillierte bibliografische Daten sind im Internet über http://dnb.d-nb.de abrufbar.

Umschlagbild: © Sean Pavone – iStock

Alle Rechte vorbehalten
©2024 Edition Wissenschaft & Praxis
bei Duncker & Humblot GmbH, Berlin
Satz: Michael Haas
Druck: Prime Rate Kft., Budapest, Ungarn
Gedruckt auf FSC-zertifiziertem Papier

*leicht gemacht*® ist ein eingetragenes Warenzeichen

ISBN 978-3-87440-389-4 (Print)
ISBN 978-3-87440-789-2 (E-Book)

www.duncker-humblot.de

## Inhalt

## I. Management Summary

## II. Datenschutzrecht

Lektion 1: Was ist Datenschutz? .......................... 14
Lektion 2: Was ist der gesetzliche Rahmen? ................ 18
Lektion 3: Definitionen .................................. 27
Lektion 4: Grundsätze des Datenschutzes .................. 33
Lektion 5: Rechtsgrundlagen der Verarbeitung ............. 40
Lektion 6: Drittparteien und Datentransfer ............... 65
Lektion 7: Das Verarbeitungsverzeichnis, VVT ............. 77
Lektion 8: Sanktionen und Bußgelder ...................... 80
Lektion 9: Weitere Aspekte, die im Datenschutz
 eine Rolle spielen ............................ 82

## III. Managementsysteme

Lektion 10: Was ist ein Managementsystem? ................ 92
Lektion 11: Die Implementierung eines Managementsystems ... 94
Lektion 12: Das Compliance Management System (CMS) ....... 96
Lektion 13: Das Datenschutzmanagementsystem .............. 97
Lektion 14: Interdisziplinarität ........................ 112
Lektion 15: Sensibilisierung ist das Herz aller Systeme .. 124

## IV. Zukunft des Datenschutzes

Lektion 16: Was passiert, wenn ich mich nicht an den
 Datenschutz halte? ........................... 131
Lektion 17: Frühzeitig Risiken erkennen und managen ..... 132
Lektion 18: Mehrwert generieren und Vertrauen aufbauen .. 133
Lektion 19: Noch ein kleiner Ausblick ................... 135
Sachregister ............................................ 142
Abkürzungen ............................................. 9

## Leitsätze und Übersichten

| | | |
|---|---|---|
| Leitsatz 1 | Datenschutz – Wer hat's erfunden?............. | 17 |
| Übersicht 1 | Entwicklung des BDSG ....................... | 18 |
| Übersicht 2 | Übersicht über die Datenschutzgesetze in Deutschland ............................. | 19 |
| Übersicht 3 | Struktur der Gesetzgebung zum Datenschutz in Deutschland ............................. | 21 |
| Übersicht 4 | Struktur der Datenschutzaufsicht in Deutschland ... | 22 |
| Leitsatz 2 | Datenschutzrecht als Querschnittsmaterie ........ | 23 |
| Leitsatz 3 | Der räumliche Anwendungsbereich der DSGVO .... | 26 |
| Übersicht 5 | Was sind personenbezogene Daten? ............. | 28 |
| Übersicht 6 | Übersicht über den Begriff der Verarbeitung....... | 29 |
| Übersicht 7 | Vergleich zwischen anonymisierten, pseudonymisierten und personenbezogenen Daten.. | 31 |
| Leitsatz 4 | Verarbeitung von Daten ...................... | 32 |
| Übersicht 8 | Grundsätze der DSGVO....................... | 33 |
| Leitsatz 5 | Grundsätze der Datenverarbeitung .............. | 39 |
| Übersicht 9 | Grundlagen rechtmäßiger Verarbeitung........... | 41 |
| Übersicht 10 | Auszug Ermächtigungsgrundlagen aus Artikel 6 der DSGVO ................................ | 45 |
| Übersicht 11 | Was zählt zu personenbezogenen Daten? ......... | 47 |
| Leitsatz 6 | Verbot mit Erlaubnisvorbehalt.................. | 47 |
| Leitsatz 7 | Rechte der Betroffenen ....................... | 49 |
| Übersicht 12 | Betroffenenrechte aus der DSGVO............... | 50 |
| Leitsatz 8 | Betroffene müssen informiert werden ............ | 52 |
| Übersicht 13 | Checkliste für die Datenschutzerklärung .......... | 53 |
| Übersicht 14 | Ablauf eines Auskunftsprozesses................. | 56 |
| Leitsatz 9 | Anspruch auf Auskunft....................... | 57 |

## Leitsätze und Übersichten

| | | |
|---|---|---|
| Übersicht 15 | Bearbeitung eines Antrags auf Löschung .......... | 59 |
| Übersicht 16 | Erstellung eines Löschkonzepts nach DSGVO ...... | 60 |
| Übersicht 17 | Exemplarisches Löschkonzept................... | 62 |
| Leitsatz 10 | Recht auf Löschung.......................... | 62 |
| Übersicht 18 | Muster eines Widerspruchs gegen die Datenverarbeitung ........................... | 64 |
| Leitsatz 11 | Recht auf Widerspruch ....................... | 64 |
| Übersicht 19 | Muster einer Auftragsverarbeitungsvereinbarung ... | 66 |
| Übersicht 20 | Verhältnis zwischen den Personen bei der Auftragsverarbeitung ......................... | 67 |
| Übersicht 21 | Bestandteile einer Auftragsverarbeitungsvereinbarung ............. | 71 |
| Leitsatz 12 | Mittel der parteiübergreifenden Datenverarbeitung.. | 72 |
| Übersicht 22 | Modelle und Rollen im Datenverarbeitungsprozess.. | 75 |
| Leitsatz 13 | Internationale Datenübermittlung............... | 76 |
| Übersicht 23 | Das Verarbeitungsverzeichnis gemäß Artikel 30 der DSGVO ................................ | 78 |
| Leitsatz 14 | Folgen von Verstößen........................ | 81 |
| Übersicht 24 | Beispiele für technische und organisatorische Maßnahmen („TOMs")....................... | 83 |
| Übersicht 25 | Aufgaben eines Datenschutzbeauftragten ......... | 86 |
| Übersicht 26 | Bestellungsurkunde eines Datenschutzbeauftragten . | 87 |
| Leitsatz 15 | Datenschutzvorfälle ......................... | 89 |
| Übersicht 27 | Meldung eines Datenschutzvorfalls............... | 90 |
| Übersicht 28 | Implementieren eines Datenschutzmanagementsystemsgaben........... | 93 |
| Leitsatz 16 | Managementsysteme......................... | 95 |
| Übersicht 29 | Compliance Management System (IDW PS 980) .... | 96 |

## Leitsätze und Übersichten

| | | |
|---|---|---|
| Übersicht 30 | Ebenen eines Datenschutzmanagementsystems | 101 |
| Leitsatz 17 | Die Pyramide eines Managementsystems | 101 |
| Leitsatz 18 | Der Datenschutzbeauftragte als Bindeglied | 104 |
| Leitsatz 19 | Der Datenschutzbeauftragte als Risikomanager | 105 |
| Übersicht 31 | Datenschutzbeauftragter nach Artikel 37 der DSGVO | 107 |
| Leitsatz 20 | Segregation of Duties | 111 |
| Übersicht 32 | Aufbau eines ISMS | 113 |
| Leitsatz 21 | Datenschutzmanagementsysteme | 115 |
| Übersicht 33 | Verhältnis von Compliance, DSMS und ISMS | 116 |
| Leitsatz 22 | Prozessorientierung | 117 |
| Übersicht 34 | Beantwortung eines Auskunftsverlangens Artikel 15 der DSGVO | 118 |
| Leitsatz 23 | Informationssicherheit | 120 |
| Übersicht 35 | Der BCM-Kreislauf | 121 |
| Leitsatz 24 | Handlungsanweisungen | 122 |
| Übersicht 36 | Implementierung der DSGVO | 123 |
| Übersicht 37 | Internationale Koordination des Datenschutzes in einem Unternehmen | 127 |
| Leitsatz 25 | Koordinatoren für den Datenschutz | 127 |
| Leitsatz 26 | Digitales Dokumentenmanagement | 129 |
| Leitsatz 27 | Haftungsszenarien | 134 |
| Übersicht 38 | Vermeidung von Haftungsfällen | 136 |
| Leitsatz 28 | Musterstruktur für regulatorische Funktionen | 136 |
| Leitsatz 29 | Prozessorientierung in Unternehmen | 138 |
| Übersicht 39 | Was ist Legal Tech? | 139 |
| Leitsatz 30 | Nachhaltigkeit | 141 |
| Leitsatz 31 | Komplexität des Datenschutzes | 141 |

| | |
|---|---|
| Abs. | Absatz |
| AGB | Allgemeine Geschäftsbedingungen |
| AI | Artificial Intelligence |
| AO | Abgabenordnung |
| APPI | Act on the Protection of Personal Information |
| Art. | Artikel |
| Aufb.Pflicht | Aufbewahrungspflicht |
| AVV | Auftragsverarbeitungsvereinbarung |
| Bay DB | Bayerischer Datenschutzbeauftragter |
| BCM | Business Continuity Management |
| BCP | Business Continuity Plans |
| BDSG | Bundesdatenschutzgesetz |
| BfDI | Bundesbeauftragte für Datenschutz und Informationsfreiheit |
| BGB | Bürgerliches Gesetzbuch |
| BIA | Business Impact Analyse |
| BW | Baden-Württemberg |
| BY | Bayern |
| bzw. | beziehungsweise |
| C-C | Controller zu Controller |
| CCPA | California Consumer Privacy Act |
| CMS | Compliance Management System |
| DE | Deutschland |
| DPIA | Data Protection Impact Assessment |
| DS | Datenschutz |
| DSB | Datenschutzbeauftragter |

| | |
|---|---|
| DSGVO | Datenschutzgrundverordnung |
| DSK | Datenschutzkonferenz |
| DSMS | Datenschutzmanagementsystem |
| DV | Datenverarbeitung |
| ESG | Environmental Social Governance |
| EU | Europäische Union |
| EuGH | Europäischer Gerichtshof |
| ev. | evangelisch |
| EWR | Europäischer Wirtschaftsraum |
| f. | folgende |
| ff. | fortfolgende |
| GF | Geschäftsführer |
| ggf. | gegebenenfalls |
| GRC | Governance, Risk und Compliance |
| HDSG | Hessisches Datenschutzgesetz |
| HGB | Handelsgesetzbuch |
| HH | Hansestadt Hamburg |
| HR | Human Resources |
| i.d.R. | in der Regel |
| ID | Identifier |
| IDW | Institut der Wirtschaftsprüfer |
| IP-Adresse | Internet-Protokoll-Adresse |
| IPO | Initial Public Offering |
| ISMS | Informationssicherheitsmanagementsystem |
| ISO | International Organization for Standardization |

| | |
|---|---|
| IT | Information Technology |
| JC | Joint Controller |
| kath. | katholisch |
| KI | Künstliche Intelligenz |
| KVP | Kontinuierlicher Verbesserungsprozess |
| LDSG | Landesdatenschutzgesetz |
| LfD | Landesbeauftragter für Datenschutz |
| LfDI | Landesbeauftragter für Datenschutz und Informationsfreiheit |
| LGPD | brasilianisches Datenschutzgesetz (Lei Geral de Proteção de Dados Pessoais) |
| Lit. | Literatur |
| LkSG | Lieferkettensorgfaltspflichtengesetz |
| M&A | Mergers and Acquisitions |
| MA | Mitarbeiter |
| max. | maximal |
| Meck-Pomm. | Mecklenburg-Vorpommern |
| NDS | Niedersachsen |
| Nr. | Nummer |
| NRW | Nordrhein-Westfalen |
| o. | oder |
| ö.-r. | öffentlich-rechtlich |
| PDCA-Modell | Plan-Do-Check-Act Modell |
| PDPA | Personal Data Protection Act 2012 |
| PDPB | Personal Data Protection Bill |
| pers.bez. | personenbezogene |

| | |
|---|---|
| PIPEDA | Personal Information Protection and Electronic Documents Act |
| PIPL | Personal Information Protection Law |
| POPIA | Protection of Personal Information Act |
| priv. | privat |
| Rh.-Pf. | Rheinland-Pfalz |
| Sa.-Anh. | Sachsen-Anhalt |
| SCCs | Standard Contractual Clauses |
| SH | Schleswig-Holstein |
| s.u. | siehe unten |
| THÜ | Thüringen |
| TIA | Transfer Impact Assessment |
| TKG | Telekommunikationsgesetz |
| TMG | Telemediengesetz |
| TOMs | Technische und organisatorische Maßnahmen |
| TQM | Total Quality Management |
| TTDSG | Gesetz über den Datenschutz und den Schutz der Privatsphäre in der Telekommunikation und bei Telemedien |
| u. | und |
| u.U. | unter Umständen |
| USA | United States of America |
| usw. | und so weiter |
| VO | Verordnung |
| VV | Verarbeitungsverzeichnis |
| VVT | Verzeichnis über Verarbeitungstätigkeiten |
| z.B. | zum Beispiel |

# I. Management Summary

Karla Krake ist Unternehmerin und möchte mit Ihrem Hyperscaler Start-Up möglichst alle für ihr Unternehmen zugänglichen Daten maximal effizient nutzen. Sie verspricht sich damit großes Wachstumspotential für ihr jetzt schon erfolgreiches Start-Up. Weil sie weiß, dass es den Datenschutz gibt und auch schon von allgemeinen Persönlichkeitsrechten gelesen hat, bittet sie ihren alten Studienfreund Peter Pingel, ihr einige Fragen zum Thema Datenschutz zu beantworten. Peter nimmt es mit allen regulatorischen Vorgaben nämlich sehr genau, und gerade, weil sie etwas Sorge vor der persönlichen Haftung hat, will sie sich auch mal seine Ansichten anhören.

Nachfolgend fließen zusätzlich auch noch die praktischen Erfahrungen der Autorin und des Autors, als Juristen und Datenschutzbeauftragte mit ein, damit das hier vorliegende Buch den ersten Einstieg in das Thema Datenschutz erleichtert und an der einen oder anderen Stelle Impulse für mehr gibt.

## II. Datenschutzrecht

## Lektion 1: Was ist Datenschutz?

### Fall 1
Was ist Datenschutz, woher kommt er und warum ist er wichtig?

Karla Krake und Peter Pingel treffen sich zu einem ersten Gespräch über das Thema Datenschutz: „Kannst du mir, Peter, bitte einmal erklären, was Datenschutz eigentlich wirklich ist? Ständig höre ich diesen Begriff überall und habe den Eindruck, dass das Wort recht inflationär verwendet wird." - „Ja, den Eindruck habe ich manchmal auch, Karla. Also lass mich von vorne beginnen: Es kommt ...", Karla springt gleich auf und ruft: „Und bitte verständlich erklären und lass dabei dieses ‚Es kommt darauf an' weg". Peter Pingel muss schmunzeln. „Das ist wohl eine Berufskrankheit von Jurist:innen", meint er und fängt langsam an.

„Also erstmal ganz allgemein: Datenschutz umfasst alle Verarbeitungen von personenbezogenen Daten."

„Wie bitte?", fragt Karla. „Nun ja, das war ja nur die Einleitung", grinst Peter und fährt fort.

„Zum Hintergrund: Der Sinn und Zweck vom Datenschutz liegt darin, die Privatsphäre natürlicher Personen zu schützen und sicherzustellen, dass sie die Hoheit und Kontrolle über ihre Daten haben und weiterhin behalten. Diesen Grundsatz sollten wir immer im Hinterkopf behalten.

Die Verarbeitung von personenbezogenen Daten findet in allen Lebensbereichen statt. Ich behaupte, es gibt kein Unternehmen, keine juristische Person, Behörde oder sonstige öffentliche Stelle, die nicht in irgendeiner Form personenbezogene Daten verarbeitet: wenn sich jemand nach einem Umzug beim Einwohnermeldeamt mit dem Wohnort anmeldet; wenn jemand an der Kasse im Supermarkt mit einer EC-Karte bezahlt oder Bonuspunkte sammelt; beim Besuch fast jeder Webseite usw. In all diesen Situationen werden personenbezogene Daten verarbeitet.

Um den Missbrauch von personenbezogenen Daten zu verhindern, wird die Datenverarbeitung reguliert. Die regulatorischen Gesetze umfassen zum Beispiel die Datenschutzgrundverordnung (die „DSGVO") und das Bundesdatenschutzgesetz (das „BDSG"), aber dazu später mehr."

## Wie ist die historische Entwicklung?

„Aber wo kommt denn dieser Datenschutz jetzt her? Gibt es hierzu Gründe oder Ursachen in der Vergangenheit? Ich bin ja nicht zwingend ein Fan von Geschichte, aber vielleicht verstehe ich dann alles etwas besser?"

„Gute Frage, Karla. Wusstest du, dass 1970 in Hessen mit dem Hessischen Datenschutzgesetz („HDSG") das weltweit erste Datenschutzgesetz in Kraft trat? 1977 wurde mit dem Bundesdatenschutzgesetz dann das erste deutsche Datenschutzgesetz auf Bundesebene verabschiedet. Hintergrund der Gesetzgebungsbestrebungen war die zunehmende Automatisierung der Datenverarbeitung, sowohl in der Verwaltung als auch in nicht-öffentlichen Stellen, und die damit verbundenen neuen Nutzungsmöglichmöglichkeiten. Damit einher gingen schon damals Missbrauchsrisiken, sowohl durch den Staat als auch durch Private: Daten können zunehmend aus dem Kontext genommen und missbraucht werden. Die Konsequenzen für den Einzelnen können schwerwiegend sein.

Mit seinem Volkszählungsurteil etablierte das Bundesverfassungsgericht 1983 das Grundrecht auf informationelle Selbstbestimmung als Ausfluss des allgemeinen Persönlichkeitsrechts und der Menschenwürde. Das gilt bis heute gilt als Meilenstein des Datenschutzes. Es bestimmte mit der Entscheidung zahlreiche Bedingungen für die Zulässigkeit der Datenverarbeitung durch den Staat, unter anderem die heute gut bekannte Zweckbindung. Das Urteil war eine Aufforderung an die Gesetzgeber auf Landes- und Bundesebene, das Datenschutzrecht zu reformieren. Die Folge war eine Novellierung sowohl des BDSG als auch zahlreicher Landesdatenschutzgesetze. Wieder war Hessen Vorreiter in dieser Entwicklung. Das dritte Hessische Datenschutzgesetz forderte sowohl für die Erhebung als auch für die folgende Verarbeitung personenbezogener Daten eine gesetzliche Grundlage, legte die Zweckbindung fest, festigte den Landesdatenschutzbeauftragten als Kontrollinstanz und formulierte damit erstmals zahlreiche heute bekannte Datenschutzprinzipien. Weitere Bundesländer folgten und erneuerten ihre Datenschutzgesetze, bis schließlich 1990 auch der Bund die Forderungen des Bundesverfassungsgerichts umsetzte und somit das Grundrecht auf informationelle Selbstbestimmung als Ausfluss des allgemeinen Persönlichkeitsrechts und der Menschenwürde etabliert wurde.

## Rechtsschutz auf höchster Ebene

Unser Grundgesetz enthält und schützt in Artikel 2 Absatz 1 in Verbindung mit Artikel 1 Absatz 1 das sogenannte allgemeine Persönlichkeitsrecht. Dieses Grundrecht schützt das Recht auf Privatsphäre. Daraus leitet sich das Recht auf informationelle Selbstbestimmung ab, welches das Recht, selbst über die Verwendung der sie betreffenden personenbezogenen Daten zu bestimmen umfasst. Dieses wurde 1983 im Volkszählungs-Urteil vom Bundesverfassungsreicht herausgearbeitet. Eine weitere Ausprägung des allgemeinen Persönlichkeitsrechts ist das Recht auf Vertraulichkeit und Integrität informationstechnischer Systeme, welches 2008 vom Bundesverfassungsgericht in einer Entscheidung zum Verfassungsschutzgesetz zur Online-Durchsuchung entwickelt wurde. Es ist wichtig zu wissen, dass diese Grundrechte bestehen, sie gelten aber hauptsächlich in dem Verhältnis zwischen Staat und Privaten.

Hintergrund für diese frühen Entwicklungen vom Datenschutz in Deutschland liegen sicherlich auch in der deutschen Geschichte. Die menschenverachtende und -vernichtende NS-Diktatur und das Unrechtsregime der DDR-Regierung zeigten die zwingende Notwendigkeit eines Schutzrechts von persönlichen Daten gegenüber staatlichen Eingriffen und deren Missbrauch. Ein besonders erschütterndes Beispiel hatte sich in den Niederlanden abgespielt. Nach der Besatzung der Niederlande 1940 konnten die deutschen Besatzer bei der Erstellung von Deportationslisten auf ein von den Niederlanden geführtes und umfangreiches Melderegister zurückgreifen. Dieses war vollständig, umfasste auch die Religionszugehörigkeit der Bürger:innen und leistete so einen erheblichen Beitrag dazu, Ausmaß und Tempo der Deportationen der niederländisch-jüdischen Bevölkerung in einem derart erschütternden Umfang voranzutreiben. Auch in der DDR wurde die Bevölkerung systematisch überwacht und politische Gegner:innen unterdrückt. Die heimliche Erhebung und Verarbeitung von Daten waren elementarer Bestandteil des Unrechtsregimes. Aus diesen Erfahrungen wurde deutlich, dass die Regulierung und Beschränkung staatlichen Zugriffs auf die Daten seiner Bürger:innen in einer Demokratie unabdingbar sind.

Auf europäischer Ebene begann die Harmonisierung des Datenschutzrechts 1990 mit einem ersten Entwurf der europäischen Kommission zur Datenschutzrichtlinie. Die Richtline trat 1995 in Kraft und forderte vom deutschen Gesetzgeber eine erneute Regulierung des Bundesdatenschutzgesetzes. Weitere datenschutzrechtliche Regulierungsvorhaben schlossen sich dem an, unter anderem die ePrivacy-Richtlinie.

Im Mai 2009 begannen in Reaktion auf die Kodifizierung des Datenschutzes als Menschenrecht in Artikel 8 der EU-Grundrechtecharta und die voranschreitende Digitalisierung die ersten Beratungen zu einer einheitlichen europäischen Datenschutzgesetzgebung. 2012 legte die EU-Kommission schließlich einen ersten Entwurf vor, der nach einem langwierigen Gesetzgebungsverfahren und unter zahlreichen Änderungen schließlich am 4. Mai 2016 im Amtsblatt der EU veröffentlicht wurde und am 25. Mai 2016 schließlich in Kraft trat. Nach einer zweijährigen Übergangsfrist ist die DSGVO schließlich seit dem 25. Mai 2018 in der gesamten EU sowie Island, Norwegen und Liechtenstein unmittelbar anwendbar.

## Leitsatz 1

**Datenschutz – Wer hat's erfunden?**

**1970 ist in Hessen das weltweit erste Datenschutzgesetz in Kraft getreten.** Seitdem hat das Datenschutzrecht national und auf Länderebene viele Novellierungen erfahren und wurde schließlich auch auf europäischer Ebene reguliert. Das prominenteste Beispiel ist die **DSGVO**, die seit 2018 einen einheitlichen rechtlichen Rahmen für die Verarbeitung personenbezogener Daten für die gesamte **EU, Norwegen, Island und Liechtenstein** stellt.

# Lektion 2: Was ist der gesetzliche Rahmen?

## Der gesetzliche Rahmen in Deutschland

Hinsichtlich des rechtlichen Rahmens ist zwischen den Grundlagen in Deutschland, der EU und global zu differenzieren. Zuerst beschäftigen wir uns mit dem Bundesdatenschutzgesetz (BDSG)."

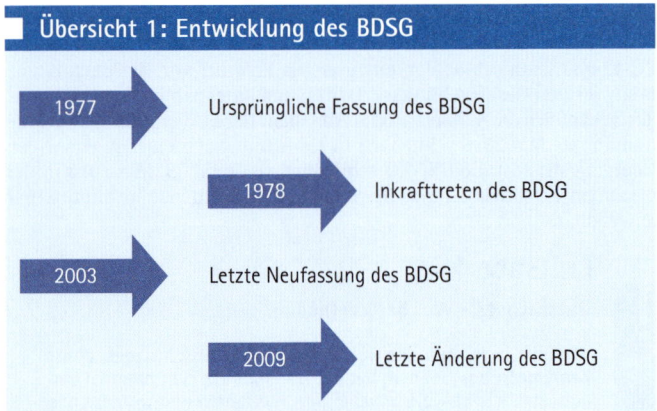

**Übersicht 1: Entwicklung des BDSG**

- 1977 → Ursprüngliche Fassung des BDSG
- 1978 → Inkrafttreten des BDSG
- 2003 → Letzte Neufassung des BDSG
- 2009 → Letzte Änderung des BDSG

### Fall 2
Der gesetzliche Rahmen – Deutschland

„Jetzt aber bitte einmal Klartext, Peter. Wo steht das denn alles geschrieben und vor allem, steht da auch das, was du immer betonst, dass ich mich an all die ganzen Anforderungen halten muss?"

„Das ist ein ziemlich komplexes Thema, aber keine Sorge, ich bin hier, um dir dabei zu helfen, den Überblick zu behalten.

Das Datenschutzrecht in Deutschland ist eine Querschnittsmaterie. Wie schon erwähnt, ist eine wichtige Grundlage für das Datenschutzrecht in Deutschland das Grundgesetz.

Die für deine Praxis aber relevantesten Vorschriften, die du kennen solltest, stehen in der EU-Datenschutzgrundverordnung („DSGVO") und im Bundesdatenschutzgesetz („BDSG"). Daneben gibt es aber auch noch weitere nationale Gesetze zum Datenschutz. So hat zum Beispiel jedes Bundesland noch ein eigenes Landesdatenschutzgesetz. Außerdem enthalten viele weitere Gesetze Vorschriften zum Datenschutz wie das Gesetz über den Datenschutz und den Schutz der Privatsphäre in der Telekommunikation und bei Telemedien („TTDSG"), aber auch im Sozialrecht gibt es spezielle Regelungen zum (Sozial)Datenschutz oder im Arbeitsrecht zum (Beschäftigten)Datenschutz."

### Übersicht 2: Übersicht über die Datenschutzgesetze in Deutschland

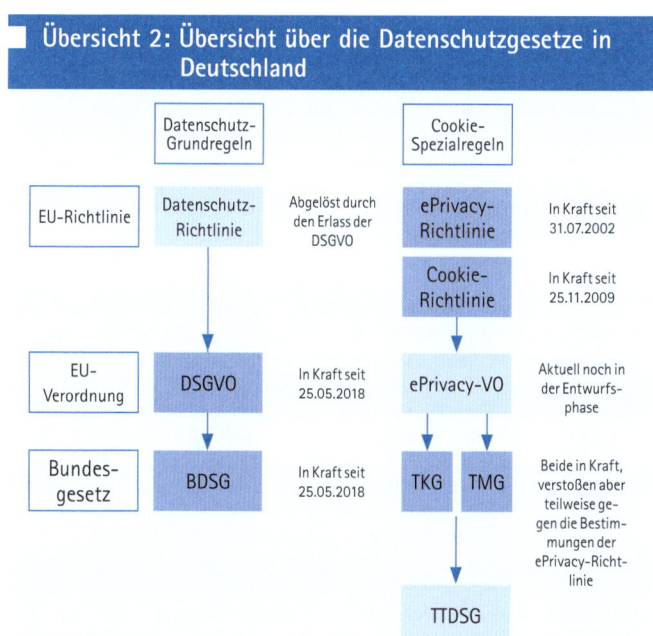

## Der gesetzliche Rahmen in der EU

Die für deine Zwecke wesentliche DSGVO gilt seit dem 25. Mai 2018 für die gesamte Europäische Union und damit auch in Deutschland. In der DSGVO werden die grundlegenden Prinzipien des Datenschutzrechts, Pflichten der Verantwortlichen und Auftragsverarbeiter sowie Rechte der Betroffenen festgelegt. Die DSGVO enthält aber auch Vorschriften zu Bußgeldern, die verhängt werden, wenn gegen sie verstoßen wird. Dazu aber später mehr.

Neben der DSGVO gilt in Deutschland das BDSG. Die DSGVO hat zwar Anwendungsvorrang, enthält aber sogenannte Öffnungsklauseln, die es den Mitgliedsstaaten ermöglichen, eigene Vorschriften zu implementieren, wenn diese strenger sind als die der DSGVO. Ein Beispiel ist der Datenschutzbeauftragte. Die DSGVO benennt in Artikel 37 die Voraussetzungen, unter denen auf jeden Fall ein Datenschutzbeauftragter bestellt werden muss. Ergänzend sieht im BDSG aber zusätzlich der § 38 vor, dass jedes Unternehmen ab 20 Mitarbeitenden einen Datenschutzbeauftragten bestellen muss. Das BDSG ist hier also strenger als die DSGVO. Die DSGVO und das BDSG bilden so ein Zusammenspiel, das den rechtlichen Rahmen des Datenschutzrechts in Deutschland vorgibt.

Das TTDSG gilt seit dem 01. Dezember 2021 und dient der Umsetzung der ePrivacy-Richtlinie der EU. Es tritt neben die DSGVO und soll das Datenschutzrecht vereinfachen, indem es Regelungen aus dem TMG und dem TKG zusammenfasst. Die zentrale Norm ist § 25 TTDSG, welcher die Einwilligung von Nutzer:innen regelt und für dessen Modalitäten auf die DSGVO verwiesen wird. Das bekannteste Beispiel hierfür sind die Bestimmungen zu Cookie-Bannern. Die Regelungen des TTDSG adressieren sämtliche Endgeräte und erstrecken sich somit vom Smartphone bis zum smarten Kühlschrank und erfassen auch sämtliche Dienstleistungen im Bereich Telemedien und Telekommunikation.

Insgesamt sind also die DSGVO und das BDSG wichtige Gesetze, die sicherstellen, dass die Rechte von Einzelpersonen geschützt sind und ihre Daten verantwortungsvoll verwendet werden. Es muss durch Unternehmen jeweils sichergestellt werden, dass die DSGVO und das BDSG eingehalten werden, um den Datenschutz und die Datensicherheit zu gewährleisten.

## Landesrecht in Deutschland komplettiert das Dreigestirn

Daneben gibt es noch die Landesdatenschutzgesetze (LDSG). Diese regeln vor allem den Datenschutz für die öffentlichen Stellen der jeweiligen Bundesländer. Jedes LDSG gilt für öffentliche Stellen auf Landesebene, wie Schulen, Universitäten, kommunale Verwaltungen und Polizeikräfte in diesem bestimmten Bundesland. Sie werden zusammen mit dem BDSG umgesetzt, das für den Bundesbereich und den privaten Sektor in ganz Deutschland gilt. Was dies interessant macht, ist, dass jedes LDSG zwar die DSGVO und das BDSG einhalten muss, aber zusätzliche Spezifikationen und Details zu bestimmten Aspekten des Datenschutzes bereitstellen kann. Dies ermöglicht einige Variationen in den Datenschutzpraktiken in verschiedenen deutschen Bundesländern.

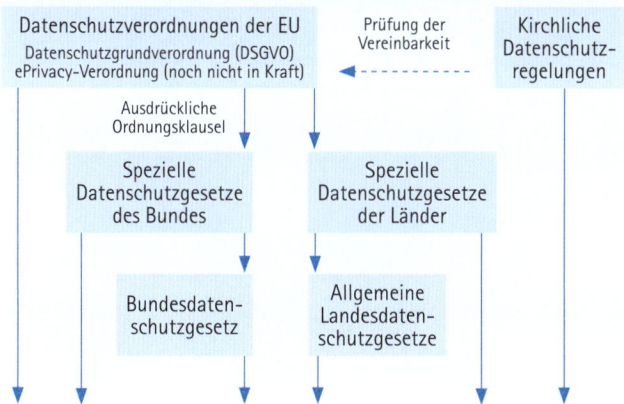

Übersicht 3: Struktur der Gesetzgebung zum Datenschutz in Deutschland

## Die Aufsicht über den Datenschutz

Jedes Land in der EU ist durch die DSGVO verpflichtet, eine eigene Aufsichtsbehörde für den Datenschutz zu unterhalten. Aus historischen Gründen hat in Deutschland jedes Bundesland seine eigene

Datenschutzaufsichtsbehörde. Die jeweilige Landesdatenschutzbehörde ist zuständig für sowohl öffentliche Landesstellen als auch grundsätzlich für Private, die in dem jeweiligen Bundesland ihren Sitz, ihre Niederlassung haben.

Daneben gibt es auf Bundesebene noch den Bundesbeauftragten für den Datenschutz und die Informationsfreiheit (BfDI), dessen Zuständigkeit zum Beispiel die datenschutzrechtliche Aufsicht über Bundesbehörden (wie zum Beispiel die Bundespolizei oder Bundesministerien) umfasst.

Damit gibt es in Deutschland insgesamt 17 Aufsichtsbehörden für den Datenschutz mit jeweils einzelnen spezifischen Zuständigkeiten. In regelmäßigen Abständen treffen sich diese 16 +1 Datenschutzbehörden und stimmen aktuelle datenschutzrechtliche Themen ab. Dieses Gremium nennt sich Konferenz der unabhängigen Datenschutzbehörden des Bundes und der Länder, kurz Datenschutzkonferenz (DSK).

**Übersicht 4: Struktur der Datenschutzaufsicht in Deutschland**

| | | | |
|---|---|---|---|
| LfD BW | Bundesbeauftragter für Datenschutz und Informationsfreiheit | | LfD NDS |
| LfD BY | Bay DB | | LfD NRW |
| Berliner BDI | | | LfD Rh.-Pf. |
| LDA BOB | Datenschutz – Recht auf informationelle Selbstbestimmung | | LfD Saarland |
| LfDI Bremen | | | LfD Sachsen |
| BfD HH | | | LfD Sa.-Anh. |
| BD Hessen | ö.-r. Rundfunk | priv. Rundfunk | LfD SH |
| LfD Meck-Pom. | kath. Kirche | ev. Kirche | LfD THÜ |

## Leitsatz 2

**Datenschutzrecht als Querschnittsmaterie**

Das Datenschutzrecht ist eine Querschnittsmaterie, es setzt sich aus vielen verschiedenen Gesetzen zusammen. **Die wichtigsten Gesetze sind die DSGVO und das BDSG.** Außerdem spielt das **TTSDG** eine wichtige Rolle. Zudem gibt es in Deutschland insgesamt 17 Datenschutzbehörden – **eine für jedes Bundesland und eine auf Bundeseben.**

## Internationale Datenschutzgesetze

 **Fall 3**
Datenschutz international

„Das war aber jetzt eine ganze Menge", stöhnt Karla. „Ich habe jetzt schon verstanden, dass es einen rechtlichen Rahmen für den Datenschutz in Deutschland gibt. Aber wie ist das denn im Rest der Welt? Viele meiner Vertragspartner und Kund:innen sitzen ja im Ausland. Da kann ich dann einfach das vorher gesagte ignorieren, richtig? Ich will mein Start-Up natürlich schnell überall auf der Welt ausrollen und meine Leistungen sollen aus der ganzen Welt abgerufen und bestellt werden können. Die DSGVO gilt doch nur in Europa, warte Peter, bevor du dich beschwerst, natürlich in der EU, richtig? Was muss ich denn in anderen Ländern beachten oder gibt es da sowas wie Datenschutz nicht?"

„Wie du schon richtig verstanden hast, gilt die DSGVO nicht nur in Deutschland, sondern unmittelbar in allen 27 Mitgliedstaaten der EU. Darüber hinaus gilt sie auch für drei weitere Länder, die Teil des Europäischen Wirtschaftsraums (EWR) sind: Island, Liechtenstein und Norwegen. Die DSGVO harmonisiert den Datenschutz in ganz Europa und verändert die Art und Weise, wie Organisationen den Datenschutz angehen. Es geht nicht nur um Strafen und die Einhaltung, sondern darum, eine Kultur des Datenschutzes zu etablieren, die die grundlegenden Rechte der Bürger:innen respektiert.

Was zudem besonders an der DSGVO ist und von dir unbedingt noch zu beachten ist, ist der räumliche Anwendungsbereich der DSGVO, der in

Artikel 3 steht. Die DSGVO hat nämlich auch eine sogenannte extraterritoriale Wirkung und damit eine globale Reichweite.

Zum einen greifen die DSGVO-Vorschriften für Unternehmen, die ihre Niederlassung in der EU/im EWR haben und im Rahmen der Tätigkeiten dieser Niederlassung personenbezogene Daten verarbeiten. Das gilt unabhängig davon, ob die Betroffenen, deren personenbezogene Daten verarbeitet werden, sich innerhalb oder außerhalb der EU/des EWR befinden. Also für dein Start-Up, Karla, wird die DSGVO greifen, wenn du eine Niederlassung in Deutschland hast."

„Ja dann umgehen wir das doch einfach und lassen das Start-Up umziehen nach außerhalb der EU bzw. des EWR", erwidert Karla.

„Nun ja, die DSGVO greift außerdem auch noch für Organisationen außerhalb der EU/des EWR, wenn und soweit diese personenbezogene Daten von Personen verarbeiten, die sich in der EU/dem EWR befinden und die Datenverarbeitung im Zusammenhang damit steht z.B. Betroffenen innerhalb der EU/des EWR Waren oder Dienstleistungen anzubieten. Außerdem greifen zusätzlich die DSGVO-Vorschriften, wenn das Verhalten von Betroffenen in der EU/im EWR überwacht wird."

„Hm, also sobald ich Waren oder Dienstleistungen an Personen in der EU oder dem EWR anbiete, greift die DSGVO wieder?"

„Genau! Wenn zum Beispiel ein Unternehmen mit Sitz in den USA Waren oder Dienstleistungen an Personen in der EU oder im EWR anbietet, muss dieses Unternehmen die DSGVO einhalten."

„Und ich gehe mal stark davon aus, dass für das ‚Überwachen' bereits die Tracking-Cookies, die ich gerne auf meine Webseite setzen möchte, ausreichen?", fragt Karla.

„Genauso ist es."

„Nun ja, dann bleibe ich wohl in Deutschland. Das ist ohnehin einfacher für mich. Nur aus reinem Interesse, wie handhaben denn eigentlich andere Länder den Datenschutz?"

„Was den Rest der Welt betrifft, so ist es eine gemischte Tüte, aber die DSGVO hat einen großen Einfluss gehabt. Nehmen wir zum Beispiel

Kalifornien in den Vereinigten Staaten. Dort wurde ein Gesetz namens California Consumer Privacy Act (CCPA) verabschiedet, dass viele Gemeinsamkeiten mit der DSGVO hat. Viele andere Länder wie Australien überarbeiten ihre Datenschutzgesetze in naher Anlehnung an dem Modell der DSGVO. Hier mal ein paar Beispiele:

a) Brasilien: Wir beginnen in Südamerika mit Brasilien, das 2020 sein allgemeines Datenschutzgesetz (LGPD) umgesetzt hat. Das LGPD stellt eine umfassende Datenschutzverordnung dar, ganz ähnlich der DSGVO.

b) Indien: In Indien wird derzeit der Datenschutz durch den Information Technology Act 2000 und die Information Technology (Reasonable Security Practices and Procedures and Sensitive Personal Data or Information) Rules 2011 geregelt. Indien entwirft ein neues Datenschutzgesetz, die Personal Data Protection Bill (PDPB), welche den Datenschutzrahmen in Indien erheblich stärken soll und sich dabei auch an der DSGVO orientiert.

c) China: China hat ein umfassendes Datenschutzgesetz, das Personal Information Protection Law (PIPL), eingeführt, das im November 2021 in Kraft trat. Ähnlich wie die DSGVO führt das PIPL mehrere Verpflichtungen für Datenverarbeiter ein, einschließlich der Einholung von Einwilligungen für die Datensammlung und der Implementierung von Sicherheitsmaßnahmen. Eine bemerkenswerte Besonderheit des PIPL ist seine extraterritoriale Reichweite, ähnlich wie bei der DSGVO, was bedeutet, dass es durchaus auch für Unternehmen außerhalb Chinas Anwendung finden kann.

d) Vereinigte Staaten: Die USA haben einen sektoralen Ansatz zum Datenschutzrecht. Es gibt kein einheitliches, umfassendes Bundesgesetz, das die Erhebung und Verwendung personenbezogener Daten regelt. Stattdessen gibt es mehrere bundesstaatliche datenschutzrechtliche Gesetze und auch Landesgesetze sowie sektorale Regelungen für Unternehmen in einzelnen Wirtschaftszweigen. Insbesondere hat Kalifornien den California Consumer Privacy Act (CCPA) erlassen, der bisher eines der umfassendsten Datenschutzgesetze in den USA ist.

e) Kanada: Das wichtigste Datenschutzgesetz für private Organisationen in Kanada ist der Personal Information Protection and Electronic Documents Act (PIPEDA), welcher stark an die DSGVO angelehnt ist. PIPEDA legt die Grundregeln fest, wie Unternehmen personenbezogene Informationen im Rahmen ihrer kommerziellen Tätigkeit behandeln müssen.

f) Australien: In Australien ist der Privacy Act 1988 das wichtigste Gesetz, das durch die Australian Privacy Principles ergänzt wird und durch die Privacy Legislation Amendment Bill 2022 verschärft wurde. Diese Gesetze gelten für viele private Organisationen im Privatsektor, alle australischen Regierungsbehörden und einige staatliche und territoriale Behörden.

g) Japan: Der Act on the Protection of Personal Information (APPI) ist Japans zentrales Datenschutzgesetz. Es wurde 2020 überarbeitet und enthält Grundsätze zum Umgang mit personenbezogenen Daten, Anforderungen für grenzüberschreitende Datenübermittlungen und mehr.

h) Südafrika: Der Protection of Personal Information Act (POPIA) Südafrikas trat im Juli 2021 vollständig in Kraft. POPIA legt die Mindestanforderungen für die Verarbeitung personenbezogener Daten fest und regelt die Rechte der betroffenen Personen.

i) Singapur: Der Personal Data Protection Act 2012 (PDPA) regelt die Erhebung, Verwendung und Offenlegung personenbezogener Daten durch alle privaten Organisationen. Es schafft ein umfassendes Datenschutzregime und ermöglicht gleichzeitig Sektor bezogene Regelungen. Im Jahr 2020 wurde es nochmals überarbeitet.

Dies ist nur ein Überblick, und die Einzelheiten können recht komplex werden, insbesondere für Organisationen, die in mehreren Rechtsgebieten tätig sind. Es ist immer ratsam, rechtlichen Rat einzuholen, wenn es um internationale Datenschutzgesetze geht."

## Leitsatz 3

**Der räumliche Anwendungsbereich der DSGVO**

Der räumliche Anwendungsbereich der DSGVO führt dazu, dass auch für **Organisationen außerhalb der EU/des EWR die DSGVO Anwendung finden kann.** Mittlerweile haben viele weitere Länder auf der Welt Datenschutzgesetze eingeführt, die der DSGVO ganz ähnlich sind.

# Lektion 3: Definitionen

## Grundlegende Begriffe

### Fall 4
Definitionen und Anwendungsbereich

„Okay, Peter, jetzt weiß ich immerhin schon einmal, wo das alles herkommt und was ich wo beachten muss. Aber was genau sind denn eigentlich ‚personenbezogene Daten', ‚Verarbeitung' und bin ich überhaupt ‚Verantwortliche'?"

„Guter Punkt, Karla", sagt Peter. „Da macht es uns die DSGVO zum Glück sehr einfach. Schau mal in Artikel 4, da findest du die Begriffsbestimmungen. Am besten schauen wir uns die mal genauer an, vor allem die ‚personenbezogenen Daten' und ‚Verarbeitung' sind hier wichtig. Wie bereits einleitend erwähnt, regelt die DSGVO vor allem die Verarbeitung von personenbezogenen Daten.

## Was sind personenbezogene Daten und was versteht man unter Verarbeitung?

„Personenbezogene Daten" sind nämlich alle Informationen, die direkt oder indirekt zur Identifizierung einer Person verwendet werden können. Dazu gehören offensichtliche Daten wie Namen, der Personalausweis oder die Reisepassnummer, aber der Begriff umfasst auch weniger offensichtliche Informationen, wie zum Beispiel die IP-Adresse oder eine Cookie-ID. Tatsächlich können sogar Informationen wie die physische, physiologische, genetische, mentale, wirtschaftliche, kulturelle oder soziale Identität einer Person in den Bereich personenbezogener Daten fallen, soweit diese dazu führen eine Person identifizierbar zu machen.

Übersicht 5: Was sind personenbezogene Daten?

„Verarbeitung" hingegen bezieht sich auf buchstäblich jede Handlung, die an personenbezogenen Daten durchgeführt wird, unabhängig davon, ob dies automatisiert erfolgt oder nicht. Dies umfasst das Erheben, Erfassen, Aufzeichnen, Organisieren, Ordnen, Speichern, Anpassen, Verändern, Auslesen, Nutzen von personenbezogenen Daten sowie auch die Offenlegung durch Übermittlung, Verbreitung oder anderweitige Bereitstellung, der Abgleich oder die Verknüpfung, Einschränkung, Löschung oder sogar auch die Vernichtung von Daten.

Klingt ziemlich weitreichend, oder? Lass mich ein paar Beispiele nennen, um das Ganze zu veranschaulichen.

Wenn du Kontaktdaten deiner Kund:innen erhebst, um ihnen Bestellungen zuzuschicken, ist das eine Form der Verarbeitung. Wenn du diese Daten speicherst, ist das ebenfalls eine Form der Verarbeitung. Aber auch das Löschen oder die Vernichtung kann Verarbeitung sein. Du siehst also, dass der gesamte Zyklus, den ein Datum innerhalb deines Unternehmens durchläuft, unter den Begriff der Verarbeitung fällt. Es gibt aber noch viel mehr und deutlich unkonventionellere Beispiele: Hättest du gedacht, dass es als Verarbeitung gilt, wenn ein Betreiber eines Fitnessstudios sich deine bevorzugte Trainingsroutine merkt oder vielleicht sogar aufschreibt, um sie für dich zu optimieren? Oder dass ein Straßenkünstler, der Passant:innen unbemerkt skizziert und die Zeichnungen in sozialen Medien veröffentlicht, wobei er Menschen anhand ihrer Kleidung oder Standorte identifiziert, ebenfalls personenbezogene Daten verarbeitet? Zum Abschluss vielleicht das absurdeste Beispiel: Nehmen wir an, es gibt einen Papageien in einem Café, der Bruchstücke von Kundengesprächen aufnimmt, einschließlich Namen und Kaffeebestellungen. Wenn der Cafébesitzer diese Informationen zum Spaß in einer Liste festhält, würde auch das als Verarbeitung gelten! Du siehst also, dass fast alles, was mit personenbezogenen Daten passiert, unter den Begriff der Verarbeitung fällt. Deswegen hat die DSGVO auch einen so weiten Anwendungsbereich und ist für beinahe jedes Unternehmen unumgänglich.

## Übersicht 6: Übersicht über den Begriff der Verarbeitung

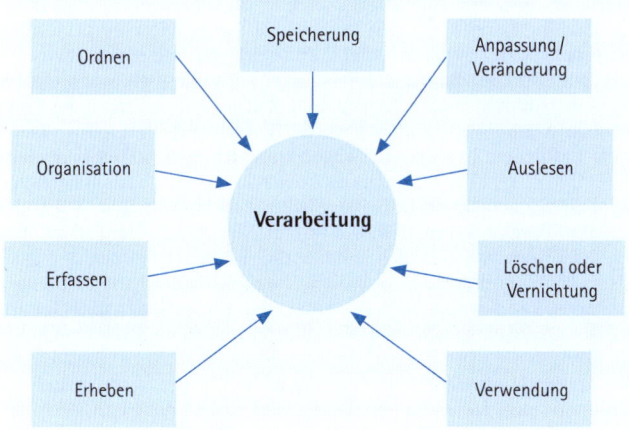

## Der Verantwortliche im Rahmen des Datenschutzes ist?

Jetzt zu deiner Frage, warum du dich damit beschäftigten musst. Das liegt daran, dass du bzw. dein Start-Up ein sogenannter Verantwortlicher bist/ist.

Verantwortlicher ist jede natürliche oder juristische Person (oder auch jede Behörde, Einrichtung oder andere Stelle), die allein oder gemeinsam mit anderen über die Zwecke und Mittel der Verarbeitung von personenbezogenen Daten entscheidet. Als Geschäftsführerin bist du, Karla, Vertreterin deines Start-Ups und du entscheidest ja auch, ob, dass und wie personenbezogene Daten verarbeitet werden. Also bist du bzw. dein Start-Up auch datenschutzrechtlich verantwortlich.

Der Anwendungsbereich der DSGVO ist insgesamt also sehr weit. Sobald ein Unternehmen oder eine andere juristische Person personenbezogene Daten verarbeitet, ist der Anwendungsbereich in der Regel eröffnet. Eine Ausnahme hiervon bildet die sogenannte Haushaltsausnahme: Die DSGVO gilt nicht, wenn natürliche Personen zur Ausübung ausschließlich familiärer oder persönlicher Tätigkeiten personenbezogene Daten verarbeiten, Artikel 2 Abs. 2 der DSGVO. Ein persönliches Adressbuch oder einen privaten Geburtstagskalender zu führen, fällt nicht in den Anwendungsbereich der DSGVO, ebenso wenig wie eine persönliche Geburtstagsparty zu planen und dafür beispielsweise eine Gästeliste zu erstellen und Einladungen zu verschicken. Das gilt auch, wenn mehrere Personen zusammen eine Party planen. Anders wäre es, wenn ein Unternehmen zu einer Party einladen würde. Hier handelt ein Unternehmen zu wirtschaftlichen Zwecken. Deswegen wäre der Anwendungsbereich der DSGVO in diesem Fall eröffnet. Der Anwendungsbereich ist immer bereits dann eröffnet, wenn die Datenverarbeitung auch nur teilweise aus dem privaten Bereich herausfällt. Um festzustellen, ob das der Fall ist, müssen der Zweck und räumliche und zeitliche Aspekte betrachtet werden. Lässt sich einer dieser Faktoren nicht zweifelsfrei dem privaten Bereich zuordnen, kann es sein, dass der Anwendungsbereich der DSGVO eröffnet ist und die entsprechenden Vorschriften eingehalten werden müssen.

Der Anwendungsbereich ist ebenfalls nicht eröffnet, wenn ausschließlich anonymisierte Daten verarbeitet werden. Anonymisierte Daten sind solche Informationen, die sich nicht auf eine identifizierte oder identifizierbare natürliche Person beziehen oder solche personenbezogenen

Daten, die in einer Weise anonymisiert worden sind, dass die betroffene Person nicht oder nicht mehr identifiziert werden kann. Unbedingt davon zu unterscheiden sind pseudonymisierte Daten. Bei der Pseudonymisierung sind personenbezogene Daten nur durch einen zusätzlichen Schlüssel oder Ähnliches einer spezifischen Person zuzuordnen. Dies ist etwa dann der Fall, wenn der Name in eine Kombination aus Zahlen und Buchstaben verschlüsselt wird, mit Hilfe des entsprechenden Hinweises, wie das System funktioniert, aber auch wieder entschlüsselt werden kann. In diesem Fall ist ein Rückschluss noch möglich und die DSGVO findet Anwendung.

### Übersicht 7: Vergleich zwischen anonymisierten, pseudonymisierten und personenbezogenen Daten

| Anonymisierte Daten | Pseudonymisierte Daten | Personenbezogene Daten |
|---|---|---|
| Kein Bezug zum Nutzer möglich | Bezug zum Nutzer verschlüsselt | Bezug zum Nutzer vorhanden |
| Beispiel: Anonyme Datenanalyse | Beispiel: Speicherung von IP-Adressen | Beispiel: Öffentliche Produktbewertung |
| Nutzung: Ohne Einwilligung | Nutzung: Problematisch/ mit Einwilligung | Nutzung: Mit Einwilligung |

Das waren zunächst einmal die wichtigsten Definitionen für den Anfang. Artikel 4 regelt noch viele weitere Begriffe, auf die wir im weiteren Verlauf zu sprechen kommen werden.

Also Karla, im Ergebnis ist dein Start-Up als datenschutzrechtlich ‚Verantwortlicher' zu bewerten. Also musst auch du dich mit dem Start-Up an die Vorschriften der DSGVO halten. Wichtig ist, dass du immer daran denkst, dass das Ziel der DSGVO ist, personenbezogene Daten zu schützen, unabhängig davon, wie und wo die Daten gesammelt, gespeichert oder verwendet werden. Selbst wenn die Szenarien abwegig erscheinen, ist es sehr wahrscheinlich, dass sie unter den Geltungsbereich der DSGVO fallen, wenn sie personenbezogene Daten betreffen."

## Leitsatz 4

**Verarbeitung von Daten**

Beinahe alles, was mit personenbezogenen Daten zu tun hat, fällt unter den Begriff der Verarbeitung. Wer im beruflichen Kontext mit Daten zu tun hat, nimmt mit **großer Wahrscheinlichkeit eine Verarbeitung vor**. Wer über Zweck und Mittel der Verarbeitung entscheidet ist datenschutzrechtlich als **Verantwortlicher** zu bewerten und muss sich an die DSGVO halten.

# Lektion 4: Grundsätze des Datenschutzes

## Fall 5
Grundsätze rechtmäßiger Datenverarbeitung

„Cool, dann weiß ich jetzt Bescheid und kann endlich loslegen", freut sich Karla. „Es gibt viel zu tun, ich habe eine Menge Daten zu verarbeiten".

„Stopp, stopp, stopp Karla, so schnell kann es leider nicht gehen", ruft Peter. „Es gibt jede Menge Prinzipien und Grundsätze, die du bei der Verarbeitung personenbezogener Daten beachten musst. Am besten schauen wir uns gemeinsam den Artikel 5 der DSGVO an, dort sind die Grundsätze der rechtmäßigen Datenverarbeitung geregelt.

### Übersicht 8: Grundsätze der DSGVO

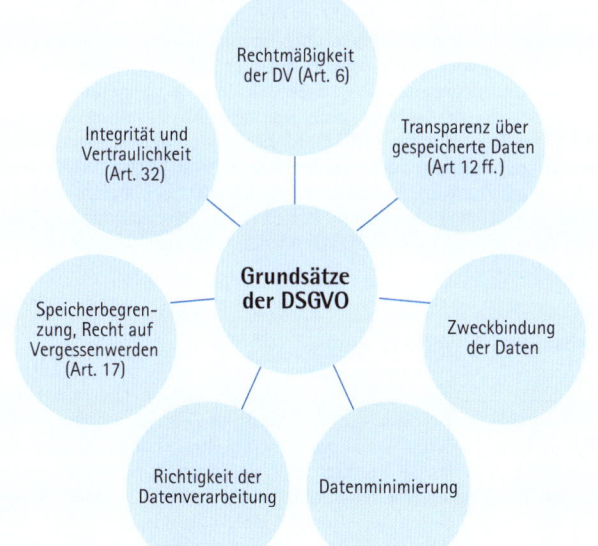

Artikel 5 der DSGVO legt die Grundsätze für die Verarbeitung personenbezogener Daten fest, also Prinzipien, die bei der Verarbeitung beachtet werden müssen. Dabei ist insbesondere das Transparenzgebot, das Gebot der Datenminimierung und die Rechenschaftspflicht oder auch „Accountability-Grundsatz" genannt, von Bedeutung. Aber der Reihe nach.

Artikel 5 Abs. 1 lit. a) der DSGVO legt fest, dass personenbezogene Daten auf rechtmäßige Weise, nach Treu und Glauben und in einer für die betroffene Person nachvollziehbaren Weise verarbeitet werden. Rechtmäßigkeit bedeutet dabei, dass die Verarbeitung nicht einfach so erfolgen darf, sondern es eine Rechtsgrundlage für die Verarbeitung geben muss. Diese finden sich in Artikel 6 der DSGVO, dazu später mehr (Fall 7).

## Grundsatz der Transparenz

Der Grundsatz der Transparenz ist im Erwägungsgrund 58 der DSGVO schön dargestellt. Demnach geht es darum, dass eine „für die Öffentlichkeit oder die betroffene Person bestimmte Information präzise, leicht zugänglich und verständlich sowie in klarer und einfacher Sprache abgefasst ist und gegebenenfalls zusätzlich visuelle Elemente verwendet werden". Dieser Grundsatz hat eine besondere Ausstrahlungswirkung in die weiteren Bereiche der DSGVO. Er findet sich beispielsweise in den Informationspflichten, nach den Artikeln 13 und 14 der DSGVO und in dem Recht auf Auskunft in Artikel 15 der DSGVO aber auch in der Pflicht des Verantwortlichen, betroffene Personen bei Datenschutzvorfällen zu informieren (Artikel 33 der DSGVO) wieder. Dazu kommen wir aber noch in Fall 9.

## Grundsatz der Zweckbindung

Artikel 5 Abs. 1 lit. b) der DSGVO legt fest, dass personenbezogene Daten nur für festgelegte, eindeutige und legitime Zwecke erhoben werden dürfen und nicht in einer Weise weiterverarbeitet werden, die mit diesen Zwecken unvereinbar ist. Konkret heißt das, dass du personenbezogene Daten nur zu Zwecken erheben darfst, die du vor der Erhebung festgelegt hast. Nach der Erhebung darfst du die Daten grundsätzlich nur zu den Zwecken weiterverarbeiten, zu denen du sie ursprünglich erhoben hast."

„Ha – da war wieder das Wort ‚grundsätzlich'. Peter, rück raus damit, es gibt Ausnahmen?"

„Eine Zweckänderung ist wirklich nur in Ausnahmefällen erlaubt, etwa wenn die betroffene Person darin eingewilligt hat. Eine solche Einwilligung müsste zudem noch den Grundsätzen und Vorgaben der DSGVO entsprechen (s. Fall 7). Außerdem muss die betroffene Person auch in diesem Fall darüber informiert werden, denk daran, Transparenz! Liegt keine Einwilligung oder andere Rechtsgrundlage vor, ist die Zweckänderung wahrscheinlich unzulässig.

Also zurück zur Zweckbindung. Angenommen, dein Unternehmen bietet Kochkurse an und hat gleichzeitig einen Online-Shop für Küchenutensilien und Kochboxen. Wenn du bei der Anmeldung zu einem Kochkurs die E-Mail-Adressen der Teilnehmenden erhebst, dient diese Verarbeitung der Organisation und Durchführung des Kochkurses – also um Zeit und Ort und andere Details zu kommunizieren. Während des Kochkurses ist es aber nicht erlaubt, das Essverhalten der Teilnehmenden zu überwachen oder sogar an Dritte weiterzugeben. Es wäre beispielsweise denkbar, dass der Veranstalter der Zahnzusatzversicherung einer teilnehmenden Person mitteilt, wie viel Zucker diese zu sich genommen hat. Das wäre ein neuer Zweck – nämlich Informationsaustausch – und würde gegen den Grundsatz der Zweckbindung verstoßen. Die Teilnehmenden müssen nämlich nicht erwarten, dass Daten zu ihrem Zuckerkonsum nach einem Kochkurs an ihre Versicherung weitergeleitet werden."

## Der Grundsatz der Datenminimierung

Die Datenminimierung ist in Artikel 5 Abs. 1 lit. c) der DSGVO geregelt und bedeutet, dass die erhobenen personenbezogenen Daten angemessen, relevant und auf das für die Verarbeitungszwecke notwendige Maß beschränkt sein sollen. Einfacher ausgedrückt: Es dürfen nur diejenigen personenbezogenen Daten erhoben und verarbeitet werden, die wirklich und tatsächlich erforderlich sind, um den jeweiligen angestrebten Zweck der Datenverarbeitung zu erfüllen. Darüber hinaus dürfen keine weiteren personenbezogenen Daten verarbeitet werden. Ein ganz klassisches Beispiel zur Veranschaulichung sind die Krankmeldungen von Arbeitnehmer:innen für die Personalabteilung. Die einzige Angabe auf dem Krankmeldeschein ist die Dauer der Arbeitsunfähigkeit, darüber hinaus gehende Informationen wie der Grund der Arbeitsunfähigkeit sind nicht erforderlich und somit auch nicht auf dem Schein zu finden. Das Prinzip der Datenminimierung ist also auch hier relevant.

In der Ära von Big Data, in der es technisch möglich ist, umfangreiche Informationen über Einzelpersonen zu sammeln, dient das Prinzip der Datenminimierung als wichtige Kontrolle, um sicherzustellen, dass die Privatsphäre der Personen respektiert wird. Konkret bedeutet das für dich und dein Start-Up, dass du nur diejenigen personenbezogenen Daten erheben darfst, die für dich absolut notwendig sind, um deine Dienstleistungen zu erbringen. Nehmen wir wieder das Beispiel Online-Shop: Nach dem Grundsatz der Datenminimierung darfst du nur Daten verarbeiten, die für die Vertragsabwicklung notwendig sind, die du also brauchst, um die Bestellung aufzunehmen und die Ware zu liefern. In der Regel sind dies die Kontaktdaten der Person, die E-Mail-Adresse, die Zahlungsdaten und die Versandadresse. Wenn du darüber hinaus zum Beispiel das Geburtsdatum erhebst, stellt sich die Frage, ob du das wirklich brauchst. Natürlich ist es praktisch, um den Kund:innen zum Geburtstag zu gratulieren und ihnen vielleicht ein Geschenk oder einen persönlichen Rabatt zukommen zu lassen, sie wird jedoch in der Regel nicht erforderlich sein, um mit deinen Kund:innen in Kontakt zu treten. Da ist also Vorsicht geboten.

## Der Grundsatz der Richtigkeit von Daten

Nach Artikel 5 Abs. 1 lit. d) der DSGVO müssen personenbezogene Daten korrekt und, falls erforderlich, auf dem neuesten Stand gehalten werden. Die DSGVO setzt die Richtigkeit der personenbezogenen Daten voraus. Sind sie nicht korrekt oder veraltet, kann die betroffene Person nach Artikel 16 DSGVO Berichtigung verlangen.

## Grundsatz der Speicherbegrenzung

Nach Artikel 5 Abs. 1 lit. e) der DSGVO ist das Prinzip der Speicherbegrenzung entscheidend für den Schutz der Privatsphäre von Einzelpersonen. Es verhindert, dass Organisationen personenbezogene Daten unbegrenzt aufbewahren, und reduziert das Risiko, dass Daten für andere Zwecke verwendet oder bei einem Datenschutzvorfall offengelegt werden. Es besagt, dass personenbezogene Daten nur so lange in einer Form aufbewahrt werden sollten, die die Identifizierung von betroffenen Personen ermöglicht, wie es für die Zwecke, für die die personenbezogenen Daten verarbeitet werden, erforderlich ist. Einfach ausgedrückt sollte man, sobald man die Daten einer Person gemäß dem Zweck, für den sie erhoben wurden, nicht mehr benötigt, sie entweder löschen oder anonymisieren (s. Fall 4 und Fall 8b).

In einigen Fällen können personenbezogene Daten für längere Zeiträume gespeichert werden, wenn sie ausschließlich für Archivierungszwecke im öffentlichen Interesse, für wissenschaftliche oder historische Forschungszwecke oder für statistische Zwecke verwendet werden sollen, vorausgesetzt, dass geeignete technische und organisatorische Maßnahmen ergriffen werden, um die Rechte und Freiheiten der betroffenen Personen zu schützen (s. Fall 13). Wenn ein Unternehmen beispielsweise eine Umfrage zur Zufriedenheit seiner Kund:innen durchführt und zu diesem Zweck personenbezogene Daten erhebt, sollte das Unternehmen die Daten anonymisieren oder löschen, sobald die Ergebnisse ausgewertet und die entsprechenden daraus abgeleiteten Maßnahmen umgesetzt sind. Dann ist nämlich der Zweck erfüllt und die Datenverarbeitung ist nicht mehr erforderlich.

## Grundsatz der Integrität und Vertraulichkeit

Nach Artikel 5 Abs. 1 lit. f) der DSGVO müssen personenbezogene Daten in einer Weise verarbeitet werden, die eine angemessene Sicherheit der personenbezogenen Daten gewährleistet, einschließlich Schutz vor unbefugter oder unrechtmäßiger Verarbeitung sowie vor unbeabsichtigtem Verlust, Zerstörung oder Beschädigung. Integrität bedeutet dabei, dass die personenbezogenen Daten unversehrt sein müssen, also nicht unbefugt verändert, gelöscht oder beschädigt werden dürfen. Vertraulichkeit bedeutet, dass niemand unbefugt Kenntnis von den personenbezogenen Daten erlangen darf. Du musst die Daten also in deinem Unternehmen behalten und darfst sie nicht an andere weitergeben. Außerdem dürfen Unbefugte keinen Zugang zu den Geräten haben, mit denen die Daten verarbeitet werden.

## Grundsatz der Rechenschaftspflicht

Ein ganz besonders wichtiges Prinzip ist die sogenannte Rechenschaftspflicht oder auch der Accountability-Grundsatz, der in Artikel 5 Abs. 2 der DSGVO geregelt ist. Konkret bedeutet der Accountabilty-Grundsatz, dass der Verantwortliche für die Einhaltung sämtlicher Vorschriften der DSGVO verantwortlich ist und dafür zu sorgen hat, dass diese bei sämtlichen Datenverarbeitungen auch eingehalten werden. Dem Verantwortlichen obliegt es also zum Beispiel sicherzustellen, dass personenbezogene Daten ausschließlich zu einem bestimmten und legitimen Zweck erhoben werden und auch nur zu diesem verarbeitet werden. Es muss sichergestellt werden, dass eine Rechtsgrundlage für die Verarbeitung gegeben ist und viele weitere Faktoren berücksichtigt werden, zu denen wir noch kommen werden. Auf einer zweiten Stufe muss der Verantwortliche hierüber auch den entsprechenden Nachweis führen können. Er muss also darlegen können, dass er die Vorschriften der DSGVO auch tatsächlich einhält. Die DSGVO gibt teilweise vor, wie das zu geschehen hat. In Artikel 24 der DSGVO ist zum Beispiel geregelt, dass du technische und organisatorische Maßnahmen umsetzen musst, um die Datensicherheit zu gewährleisten. Dabei musst du die Umstände der jeweiligen Datenverarbeitung berücksichtigen und auch die Risiken berücksichtigen und deine Maßnahmen entsprechend auswählen. Artikel 30 der DSGVO schreibt vor, dass Verantwortliche unter bestimmten Voraussetzungen ein Verzeichnis über sämtliche Verarbeitungstätigkeiten führen müssen. Bei einer Kontrolle der Datenschutzbehörde solltest du also Dokumente vorweisen können, die die Compliance mit der DSGVO nachweisen. Deswegen ist es essenziell, die Datenverarbeitungen, Rechtsgrundlagen, technisch-organisatorischen Maßnahmen und vieles mehr zu dokumentieren. Dazu eignet sich am besten ein Datenschutzmanagement-System, das es dem Verantwortlichen erleichtert, den Überblick über seine Verarbeitungstätigkeiten zu behalten und die Nachweisführung erleichtert (s.u. Fall 14 und 15). Es ist sehr wichtig, den Accountability-Grundsatz ernst zu nehmen und zu befolgen. Bei Verstößen dagegen drohen hohe Bußgelder und gegebenenfalls auch Schadensersatzansprüche (s. Fall 12).

„Also Karla, das Start-Up sollte all diese Grundsätze befolgen, um auf der sicheren Seite zu sein. Darüber hinaus musst du aber noch viele weitere Punkte beachten, zu denen wir noch kommen werden."

# Leitsatz 5

**Grundsätze der Datenverarbeitung**

**Artikel 5 der DSGVO formuliert die Grundsätze**, die bei jeder Datenverarbeitung berücksichtigt werden müssen.

# Lektion 5: Rechtsgrundlagen der Verarbeitung

## ■ Fall 6
### Rechtsgrundlagen

„Puh, das klingt ja so, als dürfte ich überhaupt keine personenbezogenen Daten verarbeiten. Dann kann ich meinen Laden dicht machen. Das kann es doch auch nicht sein", seufzt Karla betroffen.

„Also ganz so schlimm ist es auch nicht, da kann ich dich beruhigen", sagt Peter. „Es soll darum gehen, die Persönlichkeitsrechte der Betroffenen ausreichend zu schützen. Aber im Prinzip hast du nicht unrecht. Die DSGVO formuliert ein Verbot mit Erlaubnisvorbehalt. Das heißt, grundsätzlich darfst du personenbezogene Daten nicht verarbeiten, es sei denn du hast eine Rechtsgrundlage dafür. Die denkbaren Rechtsgrundlagen findest du in Artikel 6 der DSGVO. Für uns in Deutschland sind insbesondere die Einwilligung, die Verarbeitung zur Vertragserfüllung und das berechtigte Interesse relevant. Darüber hinaus gibt es aber noch weitere Rechtsgrundlagen, die zur Verarbeitung von personenbezogenen Daten berechtigen. Dazu gehört zum Beispiel (i) die rechtliche Verpflichtung, (ii) die lebenswichtigen Interessen einer Person oder (iii) die Wahrnehmung einer Aufgabe, die im öffentlichen Interesse liegt. Wir konzentrieren uns zunächst auf die Einwilligung.

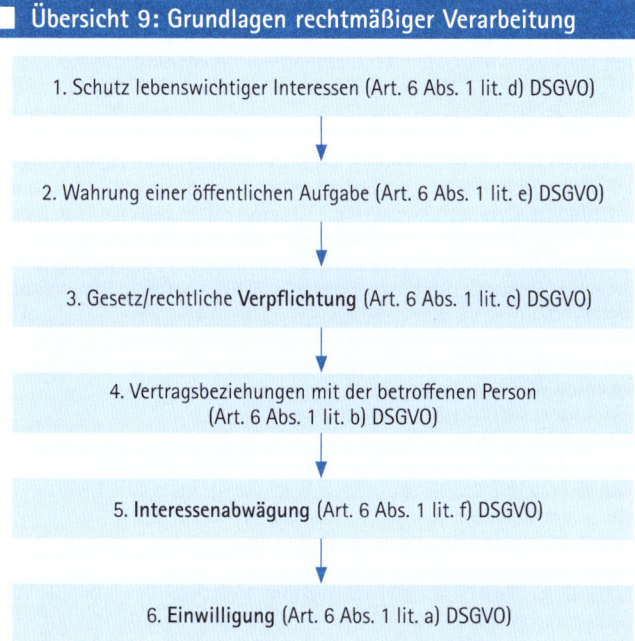

## Die Einwilligung, Artikel 6 Abs. 1 lit. a) der DSGVO

Die Einwilligung ist die bekannteste und gängigste Rechtsgrundlage. Die Einwilligung ist die freiwillige, spezifische, informierte und eindeutige Äußerung des Willens der betroffenen Person, Artikel 4 Absatz 11 der DSGVO. Die DSGVO verlangt, dass die Person ihre Einwilligung aktiv bestätigen muss, entweder durch eine Erklärung oder durch eine klare positive Handlung.

Bei einem Online-Formular zum Beispiel, welches mit Check-Boxen arbeitet, müssen die Benutzer:innen aktiv ein Kontrollkästchen anklicken, das nicht vorausgewählt ist (Opt-in), um der Verwendung ihrer Daten für einen bestimmten Zweck zuzustimmen. Dabei müssen aber auch noch weitere Grundsätze der Einwilligung beachtet werden. So muss zum Beispiel der Zweck der Datenverarbeitung klar erklärt sein, das Recht auf Widerruf der Einwilligung beschrieben sein und ein Verweis auf die Datenschutzerklärung enthalten sein.

Das Entfernen eines bereits gesetzten Häkchens auf einer Webseite (Optout) stellt dagegen keine den DSGVO-Vorgaben entsprechend wirksame Einwilligung dar, weil der aktive Moment fehlt. Ebenso würde allein die Aussage „Durch die Nutzung dieser Website stimmen Sie unserer Datenschutzrichtlinie zu", ebenfalls ohne eine aktive Zustimmung der nutzenden Person, grundsätzlich keine DSGVO-konforme Einwilligung darstellen."

„Ja super, das ist doch dann meine Lösung für alles. Ich bitte einfach immer um eine Einwilligung und gut ist", freut sich Karla.

## Widerruf einer Einwilligung

„Nun ja. Wichtig ist, dass dir auch bewusst ist, dass die Einwilligung jederzeit widerrufen werden kann. Der Widerruf der Einwilligung muss genauso einfach sein, wie die Erteilung der Einwilligung. Wenn die Einwilligung widerrufen wird, muss der Verantwortliche die auf der Einwilligung beruhende Datenverarbeitung einstellen. Die vorherige Verarbeitung personenbezogener Daten aufgrund der Einwilligung bleibt zwar weiterhin rechtmäßig. Erst ab dem Zeitpunkt des Widerrufs darfst du die Einwilligung nicht mehr als Rechtsgrundlage heranziehen. Wenn du dann aber weiterhin die personenbezogenen Daten verarbeitest, ohne eine alternative Rechtsgrundlage zu haben, handelst du entgegen der DSGVO. Also so richtig rechtssicher wäre die Einwilligung für alle Bereiche der Datenverarbeitung von dem Start-Up auch nicht wirklich. Du müsstest dann ja sicherstellen, dass der Widerruf auch wirksam ist und fortan die jeweiligen personenbezogenen Daten nicht mehr verarbeitet werden. Das kann sich im Unternehmensalltag manchmal sehr schwierig gestalten.

## Dokumentation einer Einwilligung

Außerdem denk an den Grundsatz der Rechenschaftspflicht. Auch hier greift dieser. Gemäß Artikel 7 der DSGVO muss die Einwilligung dokumentiert werden. Obwohl sie nicht unbedingt schriftlich erfolgen muss, ist eine schriftliche Aufzeichnung der einfachste Weg, um nachzuweisen, dass eine rechtsgültige Einwilligung vorliegt.

### Freiwilligkeit der Einwilligung

Eine weitere Besonderheit, die du beachten solltest bei der Einwilligung, ist das Ungleichgewicht zwischen Beschäftigten und Arbeitgeber. Im Arbeitsverhältnis kann die Einwilligung problematisch sein, da zwischen Arbeitgeber und Arbeitnehmenden in der Regel ein Machtgefälle zugunsten des Arbeitgebers besteht. Dieses Machtgefälle kann bedeuten, dass die Einwilligung nicht wirklich freiwillig erteilt wird. Wenn Beschäftigte den Eindruck haben, keine wirkliche Wahl zu haben oder die Folgen einer Nicht-Einwilligung zu schwerwiegend sind, ist die Einwilligung möglicherweise nicht DSGVO-konform, weil dann ja die Freiwilligkeit fehlt. Aber dazu mehr unter dem Punkt „Rechtsgrundlagen im Arbeitsverhältnis".

## Erfüllung eines Vertrages (Artikel 6 Abs. lit. b) der DSGVO):

Eine weitere wichtige Rechtsgrundlage für die Verarbeitung personenbezogener Daten ist die Verarbeitung zum Zweck der Vertragserfüllung. Bei dieser Rechtsgrundlage dürfen die personenbezogenen Daten verarbeitet werden, weil die Verarbeitung erforderlich ist, um vertragliche Verpflichtungen gegenüber der betroffenen Person zu erfüllen. Ein weiterer Fall betrifft vorvertragliche Maßnahmen – also die Situation, in der der Vertragsschluss noch aussteht, zur Vorbereitung aber bereits personenbezogene Daten verarbeitet werden müssen.

Besonders wichtig ist bei dieser Rechtsgrundlage der Punkt „erforderlich". Die Verarbeitung ist dann erforderlich, wenn sie notwendig ist, um den jeweiligen Vertrag zu erfüllen. Das bedeutet, dass du Daten nicht einfach schon deshalb speichern darfst, weil sie für die Vertragserfüllung nützlich sind. Wenn jemand zum Beispiel bei dir mit seiner Kreditkarte bezahlt, darfst du die Daten nicht auf Grundlage der Vertragserfüllung speichern, denn das ist nicht erforderlich. Andererseits kann diese Rechtsgrundlage auch die Verarbeitung vor Abschluss eines Vertrags umfassen. So muss ein Online-Handel beispielsweise Kundendaten wie Lieferadresse und Zahlungsdetails verarbeiten, um eine Bestellung aufzunehmen. Aber auch wenn sich jemand auf eine Stelle bewirbt, müssen durch den potenziellen Arbeitgeber die Bewerberdaten vor Abschluss des Arbeitsvertrages verarbeitet werden, um zu entscheiden, ob ein Arbeitsverhältnis angeboten wird.

In diesen Szenarien ist also die Verarbeitung personenbezogener Daten aufgrund der „Vertragserfüllung" datenschutzrechtlich gerechtfertigt.

## Interessenabwägung (Artikel 6 Abs. 1 lit. f) der DSGVO)

Das berechtigte Interesse ist wohl die flexibelste rechtliche Grundlage für die Verarbeitung personenbezogener Daten. Sie könnte potenziell eine Vielzahl von Aktivitäten abdecken, solange die erforderliche Interessenabwägung („Legitimate Interest Assessment") die Erforderlichkeit der Datenverarbeitung rechtfertigt. Diese Interessenabwägung erfordert im Ergebnis, dass das angestrebte Interesse in die Datenverarbeitung tatsächlich berechtigt ist, also nicht durch die Interessen, Rechte oder Freiheiten des Einzelnen außer Kraft gesetzt werden.

Das heißt also, wenn die Rechtsgrundlage „berechtigtes Interesse" als Rechtsgrundlage für die Datenverarbeitung herangezogen wird, ist vorab gemäß der DSGVO eine sorgfältige Abwägung der gegenüberstehenden Interessen des Verantwortlichen sowie der Betroffenen erforderlich. Im Ergebnis müssen die Interessen des Verantwortlichen einschließlich unter Berücksichtigung der potenziellen Auswirkungen die Interessen der Betroffenen überwiegen.

Die Durchführung einer solchen Abwägung erfordert die Bewertung der Art und Herkunft des berechtigten Interesses sowie der potenziellen Auswirkungen auf die Betroffenen. Dabei ist auch zu berücksichtigen, ob die Betroffenen vernünftigerweise erwarten könnten, dass ihre personenbezogenen Daten auf diese Weise verwendet werden. Faktoren, wie die Beziehung zum Verantwortlichen, der Zusammenhang, in dem die Datenerhebung und -verarbeitung steht, sowie auch die Kategorie der Betroffenen und der verarbeiteten Daten sind dabei relevant.

Beispielsweise kann die Verarbeitung von Namen von spezifischen Beschäftigten in Dienstplänen auf Grundlage des berechtigten Interesses des Arbeitgebers gerechtfertigt sein.

Die Dokumentation dieser Interessenabwägung einschließlich der Gründe, die für das Ergebnis der Abwägung geführt haben, sind sowohl wegen der Rechenschaftspflicht aber auch aus Transparenzgründen erforderlich."

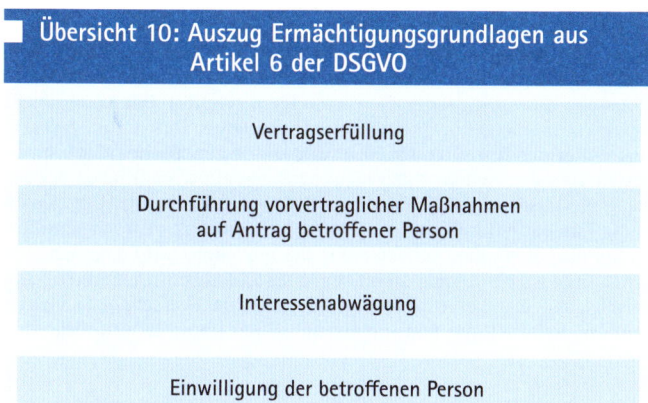

Falllösung: „Also Karla, du siehst, du darfst, kannst und sollst durchaus personenbezogene Daten verarbeiten. Allerdings nur, wenn du eine taugliche Rechtsgrundlage für die Verarbeitung dieser Daten hast. Die DSGVO legt in Artikel 6 fest, welche Rechtsgrundlagen es gibt."

„Okay, verstanden. Ich brauche jeweils eine Ermächtigungsgrundlage aus Artikel 6 der DSGVO. Sobald ich eine habe, kann ich alle personenbezogene Daten verarbeiten, die ich jeweils für den erlaubten Zweck benötige."

## Besondere Kategorien von personenbezogenen Daten

„Ich denke das ist ein guter Zeitpunkt dir von sensiblen personenbezogenen Daten zu erzählen, Karla", erwidert Peter.

## Verarbeitung nach Artikel 9 der DSGVO

### Definition und Beispiele

Es gibt in der DSGVO die sogenannten besonderen Kategorien personenbezogener Daten, die in Artikel 9 der DSGVO stehen. Diese personenbezogenen Daten sind besonders sensibel und umfassen Details wie ethnische Herkunft, politische Meinungen, religiöse Überzeugungen, Gewerkschaftszugehörigkeit, Gesundheitsdaten, Daten zum Sexualleben oder der sexuellen Orientierung sowie genetische oder biometrische Daten zur eindeutigen Identifizierung einer natürlichen Person. Sogar die Tatsache, dass jemand eine Brille trägt, kann unter Umständen in die Kategorie der Gesundheitsdaten fallen und so also ein sensibles Datum sein. Besonders knifflig kann dies manchmal auf Fotos sein. Auf denen lassen sich ja viele dieser sensiblen Daten sofort erkennen, zum Beispiel, ob jemand eine Brille trägt. Du musst hier also sehr bedacht sein, denn die Verarbeitung von solchen sensiblen Daten ist grundsätzlich untersagt.

Artikel 9 der DSGVO nennt allerdings einige Rechtsgrundlagen, die die Verarbeitung in Ausnahmefällen erlauben. Die häufigste rechtliche Grundlage ist die ausdrückliche Einwilligung, die wir ja eigentlich schon kennen. Die Einwilligung nach Artikel 9 Absatz 2 lit. a) der DSGVO unterscheidet sich aber von der Einwilligung nach Artikel 6 Absatz 1 lit. a) der DSGVO. Im Fall von sensiblen Daten muss die betroffene Person ausdrücklich in die Verarbeitung der Daten der besonderen Kategorien für einen oder mehrere Zwecke einwilligen. Weitere rechtliche Grundlagen umfassen die Verarbeitung, die für Beschäftigung, Sozialversicherung und sozialen Schutz oder für lebenswichtige Interessen notwendig ist, wenn die betroffene Person physisch oder rechtlich nicht in der Lage ist, ihre Einwilligung zu geben. Es gibt auch spezifische Ausnahmen für die Verarbeitung von Daten im Rahmen gesetzlicher Verpflichtungen, im öffentlichen Interesse oder wenn es aus Gründen eines erheblichen öffentlichen Interesses erforderlich ist.

## Übersicht 11: Was zählt zu personenbezogenen Daten?

### Personenbezogene Daten

 Bankdaten
(Kreditkarte, Kontonummer, Einkommen)

 Onlinedaten
(IP-Adresse, Standort, E-Mail-adresse)

 Demographische Daten
(Alter, Geburtsdatum, Geschlecht, Familienstand)

 Qualifikation
(Zeugnisse)

 Kennnummern
(Identifikations-, Personalausweis- & Sozialversicherungsnummer)

### Besondere Kategorien personenbezogener Daten

 Gesundheitsinformationen
(Krankendaten)

 Sexuelle Orientierung
(hetero-, homo-, bisexuell u.a.)

 Politische & religiöse Einstellung
(Konservativ, demokratisch, liberal, Christentum, Islam, etc.)

Verbot mit Erlaubnisvorbehalt

## Leitsatz 6

**Verbot mit Erlaubnisvorbehalt**

Die DSGVO enthält ein **Verbot mit Erlaubnisvorbehalt**, das heißt, jede Datenverarbeitung benötigt eine Rechtsgrundlage. Artikel 6 der DSGVO enthält eine abschließende Aufzählung der Rechtsgrundlagen für die allgemeinen Kategorien personenbezogener Daten. Eine Verarbeitung von besonderen Kategorien personenbezogener Daten (sensible Daten) ist grundsätzlich verboten und nur unter besonderen Voraussetzungen erlaubt.

## Die sogenannten Betroffenenrechte

### Fall 7
**Betroffenenrechte (allgemein)**

„Puh, das war jetzt aber eine ganze Menge" sagt Karla.

„Das war noch lange nicht alles, Karla. Es geht jetzt erst richtig los. Fangen wir mit den Betroffenenrechten an. Diese stehen in den Artikeln 12 bis 22 der DSGVO."

Die DSGVO sichert betroffenen Personen eine ganze Menge Rechte zu, um ihnen die Hoheit über ihre eigenen personenbezogenen Daten zu sichern. Dies umfasst zum Beispiel das Recht, darüber informiert zu werden, wie ihre Daten verwendet werden, das Recht auf Auskunft zu ihren Daten, das Recht auf Berichtigung von Ungenauigkeiten, das Recht auf Löschung ihrer Daten (auch bekannt als „Recht auf Vergessenwerden") und das Recht, der Verarbeitung ihrer Daten zu widersprechen. Diese Rechte geben Einzelpersonen mehr Kontrolle über ihre personenbezogenen Daten.

Die DSGVO schreibt folgende Rechte fest:

a) Recht auf Information (Artikel 12, 13, 14): Personen haben das Recht, über die Erhebung und Verwendung ihrer personenbezogenen Daten informiert zu werden.

b) Recht auf Auskunft (Artikel 15): Personen haben das Recht, Auskunft über die sie betreffenden und verarbeiteten personenbezogenen Daten zu erhalten sowie mitunter auch den Anspruch darauf, eine Kopie dieser Daten zu erhalten.

c) Recht auf Berichtigung (Artikel 16): Personen haben das Recht, unrichtige personenbezogene Daten berichtigen zu lassen oder diese zu vervollständigen, sofern sie unvollständig sind.

d) Recht auf Löschung (,Recht auf Vergessenwerden') (Artikel 17): Personen haben das Recht, die Löschung ihrer personenbezogenen Daten zu verlangen.

e) Recht auf Einschränkung der Verarbeitung (Artikel 18): Personen haben das Recht, die Einschränkung der Verarbeitung ihrer personenbezogenen Daten zu verlangen.

f) Recht auf Datenübertragbarkeit (Artikel 20): Personen können ihre personenbezogenen Daten in einem strukturierten, gängigen und maschinenlesbaren Format erhalten und verwenden.

g) Recht auf Widerspruch (Artikel 21): Personen haben das Recht der Verarbeitungen ihrer personenbezogenen Daten aufgrund berechtigter Interessen oder zur Erfüllung einer Aufgabe im öffentlichen Interesse/Ausübung öffentlicher Gewalt, für Direktmarketing sowie für wissenschaftliche/historische Forschung und Statistik zu widersprechen.

h) Rechte im Zusammenhang mit automatisierter Entscheidungsfindung einschließlich Profiling (Artikel 22): Personen haben das Recht, nicht einer ausschließlich auf einer automatisierten Verarbeitung, einschließlich Profiling, beruhenden Entscheidung unterworfen zu werden.

Falllösung: „Wenn du personenbezogene Daten verarbeitest, musst du die Rechte der Betroffenen, die sie hinsichtlich der von ihnen verarbeiteten personenbezogenen Daten haben, beachten."

## Leitsatz 7

**Rechte der Betroffenen**

Die DSGVO gewährt betroffenen Personen eine Vielzahl von Rechten, um **sicherzustellen, dass sie fortlaufend die Hoheit** über ihre betreffenden personenbezogenen Daten beibehalten.

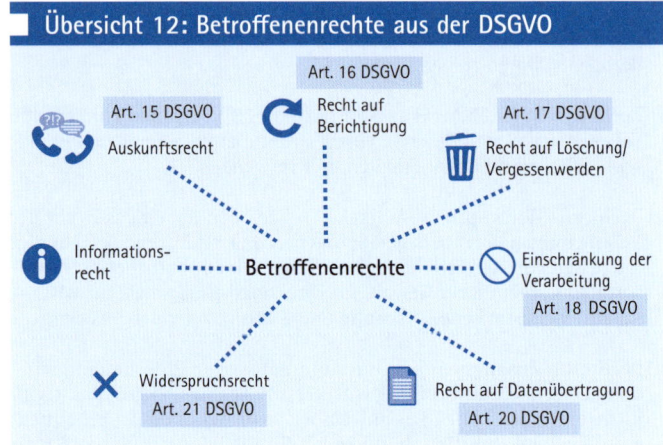

## Informationspflichten nach der DSGVO

### ■ Fall 8a
Informationspflichten

„Ich merke schon, da gibt es eine ganze Menge zu beachten. Immerhin muss nur ich mir das alles merken. Meine Kund:innen haben es gut, die bekommen von all dem nichts mit", sagt Karla.

„Oh nein, so einfach ist das nicht. Deine Kund:innen müssen natürlich auch Bescheid wissen – denke an den Grundsatz der Transparenz."

„Ach stimmt ja. Und was heißt das jetzt ganz konkret? Ich glaube nicht, dass ich jeder Person einzeln Bescheid geben kann, dass ich ihre personenbezogenen Daten verarbeite. Das ist ja nicht zu schaffen. Und die Kund:innen werden sich auch bedanken", lacht Karla.

„So schlimm ist das gar nicht, das läuft über diese sogenannten datenschutzrechtlichen Informationsschreiben oder auch Datenschutzerklärungen genannt."

### Über was muss informiert werden?

Damit deine Kund:innen wissen, welche personenbezogenen Daten verarbeitet werden und ggf. von ihren Betroffenenrechten Gebrauch machen können, musst du ihnen umfängliche Informationen über die Verarbeitung ihrer personenbezogenen Daten zur Verfügung stellen. Das hatten wir ja schon besprochen. Die DSGVO formuliert den Grundsatz der Transparenz, das heißt, die betroffenen Personen müssen genau über die Datenverarbeitung Bescheid wissen. Deswegen gibt es die Informationspflichten der Artikel 13 und 14 der DSGVO. Dort steht ganz genau, welche Informationen du deinen Kund:innen zur Verfügung stellen musst.

Das sind u.a.:

▶ der Name und die Kontaktdaten des Verantwortlichen sowie gegebenenfalls seines Vertreters,

▶ die Kontaktdaten des Datenschutzbeauftragten, wenn es einen gibt,

▶ die Zwecke der Verarbeitung,

▶ die jeweiligen Rechtsgrundlagen für die Datenverarbeitung,

▶ wenn die Verarbeitung auf das einem berechtigten Interesse beruht, muss das jeweilige berechtigte Interesse benannt werden,

▶ ob eine Übertragung der Daten in Drittstaaten stattfindet und der Hinweis, ob ein Angemessenheitsbeschluss vorliegt, ansonsten Hinweise auf angemessene oder ausreichende Garantien,

▶ die Dauer, für die die Daten gespeichert werden sollen oder die Kriterien, nach denen die Dauer ermittelt werden soll,

▶ ein Hinweis auf die Betroffenenrechte sowie das Widerrufsrecht hinsichtlich der Einwilligung, Beschwerderecht bei der Aufsichtsbehörde.

### Art der Zurverfügungstellung der Informationen

Diese (und noch mehr) Informationen, müssen also den Betroffenen zugänglich sein und auch vor der ersten Datenverarbeitung zugänglich gemacht werden. Auf Webseiten sollten diese Informationen maximal zwei Klicks von jeder Seite aus entfernt sein und wenn du planst einen Newsletter zu verschicken, sollte in der E-Mail ein Link enthalten sein, der zu der Datenschutzerklärung führt. Es ist sicherlich sinnvoll, einen Prozess zu etablieren, der sicherstellt, dass diese Angaben regelmäßig überprüft werden. Denn die Informationen sollten immer korrekt sein und entsprechend den aktuellen Gegebenheiten angepasst werden. Die Datenverarbeitung in einem Unternehmen ändert sich schließlich laufend.

## Leitsatz 8

**Betroffene müssen informiert werden**

Betroffene müssen über die Verarbeitung ihrer personenbezogenen Daten umfänglich **informiert werden**, noch bevor erstmals mit der Verarbeitung begonnen wird.

## Übersicht 13: Checkliste für die Datenschutzerklärung

**Mindestangaben**

- [ ] Kontaktdaten des Unternehmens als verantwortliche Stelle
- [ ] alle Zwecke, zu denen personenbezogene Daten verarbeitet werden
- [ ] Rechtsgrundlagen der Datenverarbeitung
- [ ] Speicherdauer
- [ ] Betroffenenrechte

**Einzelfallbezogene Informationspflichten**

- [ ] E-Mail-Adresse des Datenschutzbeauftragten
- [ ] Berechtigte Interessen, die mit der Datenverarbeitung verfolgt werden
- [ ] Empfänger (Dritte), an die erhobene Daten übermittelt werden
- [ ] Absicht, die Daten ins Nicht-EU-Ausland zu übertragen, und das Vorhandensein oder Fehlen eines Datenschutzabkommens mit dem Zielland
- [ ] Verpflichtung zur Bereitstellung der Daten seitens des Betroffenen und Folgen der Nichtbereitstellung
- [ ] Bestehen einer automatisierten Entscheidungsfindung

## Vertiefungsfälle zu den Betroffenenrechten

### Fall 8b
**Recht auf Auskunft und Kopie**

„Kürzlich hat mich eine Kundin angeschrieben, mit der Bitte ihren Auskunftsanspruch geltend zu machen. Die E-Mail wollte ich eigentlich löschen. Muss ich da jetzt noch etwas tun?"

„Ja Karla, da solltest du in jedem Fall etwas tun. Sobald du sichergestellt hast, dass diese Person auch ist, wer sie ausgibt zu sein, solltest du ihrem Auskunftsanspruch nachkommen."

„Ihrem was?"

„Ihrem Recht auf Auskunft nach Artikel 15 der DSGVO."

Artikel 15 der DSGVO gibt betroffenen Personen das Recht, Auskunft über die sie betreffenden Datenverarbeitungen zu erhalten. Die Vorschrift ermöglicht es Betroffenen zu überprüfen, wie umfangreich die Verarbeitung ihrer personenbezogenen Daten ist.

Das Auskunftsrecht kann als zweistufiges Recht bezeichnet werden. Die erste Stufe gewährt der betroffenen Person das Recht, zu erfahren, ob überhaupt personenbezogene Daten von ihr verarbeitet werden. Das ist nur nicht der Fall, wenn gar keine personenbezogenen Daten verarbeitet werden oder die verarbeiteten Daten so anonymisiert wurden, dass ein Rückschluss auf die Person nicht mehr möglich ist. Aber auch wenn keine personenbezogenen Daten verarbeitet werden, muss der betroffenen Person darüber Auskunft gemacht werden.

Wenn personenbezogene Daten verarbeitet werden, besteht im nächsten Schritt das Recht auf Auskunft darüber, welche personenbezogenen Daten von der Person verarbeitet werden.

Artikel 15 der DSGVO gibt dabei vor, dass zumindest folgende Informationen der/dem Auskunftsersuchenden mitgeteilt werden müssen:

- ▶ die Verarbeitungszwecke hinsichtlich der von der Betroffenen verarbeiteten personenbezogenen Daten,

- ▶ die Kategorien der personenbezogenen Daten, die verarbeitet werden,

- ▶ die Empfänger:innen oder Kategorien von Empfänger:innen der Daten, insbesondere bei Empfänger:innen in Drittländern oder bei internationalen Organisationen,

- falls möglich, die geplante Dauer oder die Kriterien für die Festlegung dieser Dauer der Verarbeitung,

- die Betroffenenrechte der Betroffenen (des Recht auf Löschung, Einschränkung der Verarbeitung durch den Verantwortlichen und das Widerspruchsrecht gegen diese Verarbeitung),

- das Bestehen eines Beschwerderechts bei einer Aufsichtsbehörde,

- Informationen über die Herkunft der Daten und

- soweit zutreffend, das Bestehen einer automatisierten Entscheidungsfindung einschließlich Profiling gemäß Artikel 22 und – zumindest in diesen Fällen – aussagekräftige Informationen über die involvierte Logik sowie die Tragweite und die angestrebten Auswirkungen einer derartigen Verarbeitung für die Betroffene.

Es gibt keine Vorgaben dazu, wie der Auskunftsanspruch zu stellen ist. Er kann auch formlos gestellt werden. Das kann sich in einem Unternehmen manchmal als recht kniffig herausstellen, dass so ein gestellter Auskunftsanspruch auch als solcher erkannt wird und dann bei der richtigen Stelle landet.

Wichtig ist auch, dass der Anspruchsteller wirklich selbst betroffen ist. Das darf der Verantwortliche auch angemessen überprüfen. Wenn der Antrag per E-Mail oder sonst elektronisch gestellt wird, darf der Verantwortliche die Auskunft ebenfalls per Mail oder in einem gängigen elektronischen Format erteilen.

Die DSGVO schreibt vor, dass die Informationen kostenlos zur Verfügung gestellt werden müssen. Nur wenn eine Person den Auskunftsanspruch exzessiv geltend macht, darf eine angemessene Gebühr erhoben werden.

Ganz besonders herausfordernd ist, dass die Antwort auf einen Auskunftsanspruch innerhalb einer Frist von einem Monat erfolgen muss. Unter Umständen darf diese Frist einmal um weitere zwei Monate verlängert werden. Der Verantwortliche muss die betroffene Person dann aber auch über die Fristverlängerung und die Gründe dafür informieren.

Nach Artikel 15 Absatz 3 der DSGVO steht betroffenen Personen auch ein Anspruch auf eine Kopie der von ihnen verarbeiteten personenbezogenen Daten zu. Insbesondere dabei sind aber gleichzeitig die Rechte Dritter zu beachten. Sollten sich auf den Kopien, die herausgegeben werden, personenbezogene Daten Dritter befinden oder auch Geschäftsgeheimnisse, müssen diese geschwärzt oder anderweitig zurückgehalten werden. Es darf nicht passieren, dass zugunsten eines Auskunftsanspruchs die Rechte einer anderen Person verletzt werden oder gegen sonstige Vorschriften verstoßen wird.

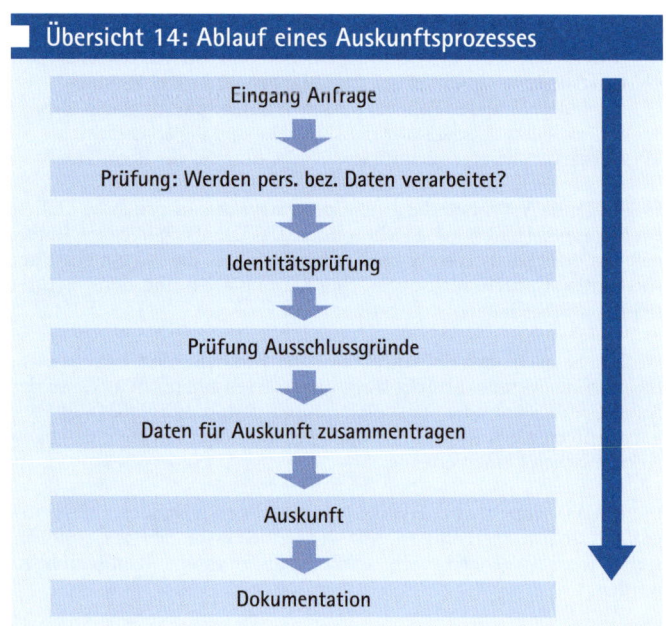

Übersicht 14: Ablauf eines Auskunftsprozesses

## Leitsatz 9

**Anspruch auf Auskunft**

Betroffene haben einen Anspruch auf Auskunft darüber, ob und welche personenbezogenen Daten über sie verarbeitet werden. Sie haben außerdem regelmäßig einen Anspruch darauf eine Kopie dieser Daten zu erhalten. Die herausgegebene Dokumentation darf aber keine **personenbezogenen Daten Dritter**, Geschäftsgeheimnisse oder sonstige Angaben enthalten, deren Herausgabe ein Verstoß seitens der Verantwortlichen bedeutet.

### Fall 8c
#### Recht auf Löschung (Recht auf Vergessenwerden)

„Wo wir gerade dabei sind, diese ganzen Rechte durchzugehen. Ich kann mich noch aus unserer Studienzeit erinnern, dass es da mal so ein großes wichtiges Urteil vom EuGH zu AGB oder was Ähnlichem gab. Da ging es glaube ich um das Recht auf Vergessenwerden. Was ist eigentlich damit. Gibt es das noch?"

„Ja Karla, dieses Recht wurde damals tatsächlich auch in der DSGVO aufgenommen, und zwar das Recht auf Löschung von Daten in Artikel 17 der DSGVO. Betroffene können von dir die Löschung ihrer Daten verlangen. Aber auch wenn sie das nicht tun, musst du die Daten irgendwann löschen. Denk daran, es gelten die Grundsätze der Zweckbindung und der Datenminimierung. Du musst also ein Löschkonzept entwickeln. Aber Schritt für Schritt."

Artikel 17 der DSGVO formuliert das Recht auf Löschung (Recht auf Vergessenwerden). Betroffene können verlangen, dass ihre personenbezogenen Daten gelöscht werden, wenn zum Beispiel:

▶ die Daten für die Zwecke, für die sie erhoben und verarbeitet wurden, nicht mehr notwendig sind,

▶ die Einwilligung widerrufen wurde und es auch keine anderweitige Rechtsgrundlage für die Datenverarbeitung gibt,

- der Verarbeitung widersprochen wurde und keine sonstigen Rechtgrundlagen zur weiteren Datenverarbeitung vorliegen,

- die Daten unrechtmäßig verarbeitet wurden, etwa weil sie einfach so, ohne einen bestimmten Zweck erhoben wurden, nicht erforderlich sind oder keine Rechtsgrundlage für die Verarbeitung besteht,

- die Löschung aufgrund von EU-Recht oder nationalem Recht vorgeschrieben ist.

## Übersicht 15: Bearbeitung eines Antrags auf Löschung

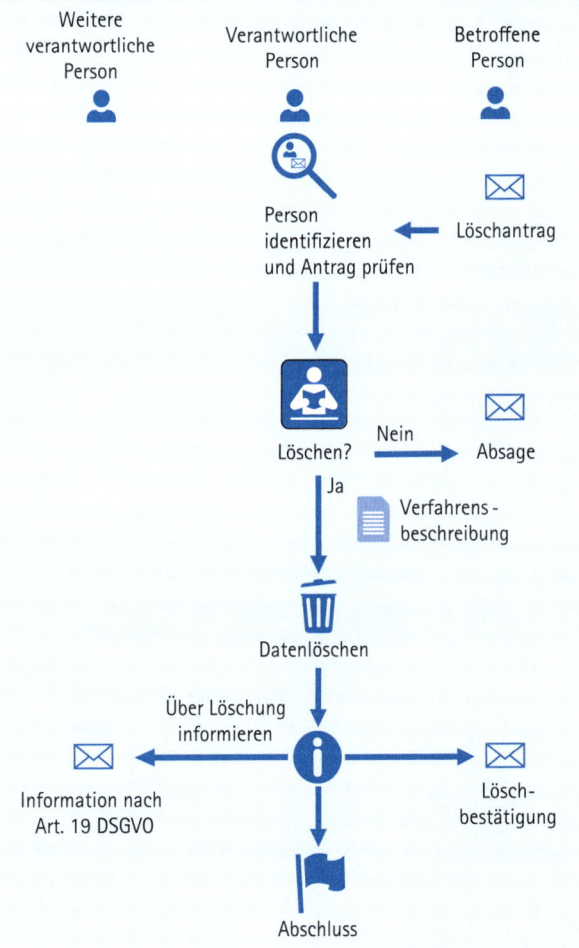

Am besten lässt sich das Recht auf Löschung bzw. Vergessenwerden anhand eines Beispiels verdeutlichen: Eine Kundin möchte ihr Nutzerkonto bei in einem Online-Shop schließen und auch sonst nichts mehr mit dem Unternehmen zu tun haben. Sie kann ihr Recht auf Löschung nach Artikel 17 geltend machen und verlangen, dass ihre Daten gelöscht werden. In diesem Fall ist der Verantwortliche dazu verpflichtet, sämtliche Daten zu löschen, also alles von den Anmeldedaten über die Kontaktdaten bis zur Transaktionshistorie und E-Mail-Korrespondenz. Eine Ausnahme besteht nur, wenn der Verantwortliche entgegenstehende Gründe vorweisen kann, zum Beispiel einen Rechtsstreit oder offene Forderungen.

Es gibt aber auch noch weitere Fälle, in denen personenbezogene Daten gelöscht werden müssen.

Übersicht 16: Erstellung eines Löschkonzepts nach DSGVO

## Das Löschkonzept

Ein wichtiger Punkt ist, dass Verantwortliche auch verpflichtet sind, personenbezogene Daten selbstständig zu löschen, auch wenn niemand sein Recht aus Artikel 17 geltend macht. Wenn der Zweck, für den die Daten erhoben wurden, erreicht wird oder wegfällt oder die Datenverarbeitung nicht mehr erforderlich ist, müssen diese personenbezogenen

Daten gelöscht werden. Dies sollte nicht einfach irgendwann irgendwie passieren, sondern muss geordnet ablaufen. Du solltest dir also ein Löschkonzept überlegen. Dafür gibt es sogar eine eigene DIN-Norm (die DIN 66399). Im Löschkonzept werden zum Beispiel die Löschfristen festgelegt, also in welchen Zeiträumen welche Daten gelöscht werden. Das bedeutet konkret, dass du genaue Löschfristen formulieren musst, nach deren Ablauf du bestimmte Kategorien von Daten löscht. Die DSGVO und das BDSG geben zwar keine genauen Fristen vor, für manche Daten gibt es aber spezielle gesetzliche Vorschriften, z.B. im Handelsgesetzbuch (HGB) oder in der Abgabenordnung (AO):

▶ **§§ 238, 257 HGB** verpflichten Unternehmen, Bücher, Inventare, Eröffnungsbilanzen, Jahresabschlüsse und verwandte Dokumente für zehn Jahre aufzubewahren.

▶ **§ 147 AO** schreibt eine Aufbewahrungsfrist von sechs bis zehn Jahren für bestimmte Dokumente vor, je nach ihrer Art, einschließlich Buchhaltungsunterlagen, Rechnungen und Lohnunterlagen.

▶ **§ 630f BGB** schreibt vor, dass Gesundheitsdienstleister Patientenakten mindestens zehn Jahre nach Abschluss der Behandlung aufbewahren müssen.

Für die übrigen Datenkategorien musst du eigene Fristen bestimmen. Wenn du das gemacht hast, kannst du die Daten nicht einfach in den Papierkorb werfen. Sie müssen datenschutzkonform entsorgt werden. Dass du dich an diese Vorschriften hältst, musst du natürlich auch ausreichend dokumentieren, denn auch hier gilt wieder die Rechenschaftspflicht.

„Also Karla, nur weil du personenbezogene Daten hast, darfst du sie nicht auch behalten. Du musst immer wieder prüfen, ob es Zeit ist, die Daten zu löschen und entsprechend Löschkonzepte entwickeln und Löschbegehren nachkommen."

## Leitsatz 10

**Recht auf Löschung**

Betroffene Personen haben ein Recht auf Löschung. Auch wenn dies nicht ausgeübt wird, muss in **regelmäßigen Abständen geprüft werden**, ob Daten zu löschen sind. Für alle Datenkategorien sollte die Speicherdauer feststehen und im Anschluss das **Löschverfahren** eingeleitet werden.

### Übersicht 17: Exemplarisches Löschkonzept

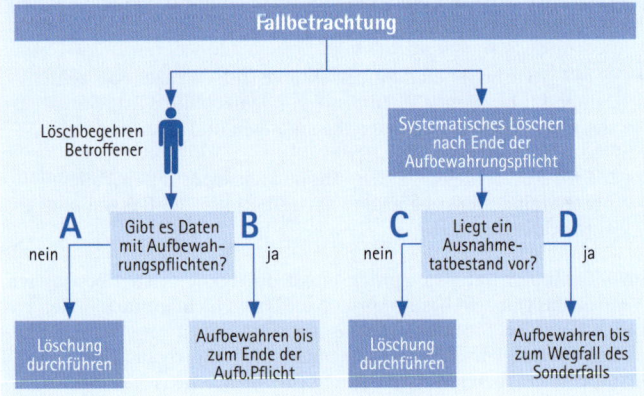

### Fall 8d
**Widerspruchsrecht**

„Peter, jetzt habe ich eine E-Mail bekommen, in der jemand der Datenverarbeitung zum Zwecke der Direktwerbung widerspricht. Darf ich dem jetzt keine Marketing-E-Mails mehr zuschicken?"

„Ja Karla, das kann passieren und die Person hat auch das Recht darauf. Denn die DSGVO gewährt betroffenen Personen auch ein Recht auf Widerspruch nach Artikel 21 der DSGVO."

Artikel 21 der DSGVO gewährt betroffenen Personen das Recht, gegen die Verarbeitung sie betreffender personenbezogener Daten zu widersprechen. Nach Artikel 21 Abs. 1 der DSGVO ist der Widerspruch zulässig, für Datenverarbeitungen, die zur Wahrnehmung einer Aufgabe im öffentlichen Interesse oder in der Ausübung öffentlicher Gewalt erfolgt, die dem Verantwortlichen übertragen wurde (Artikel 6 Abs. 1 lit. e) der DSGVO) oder die aufgrund einer Interessenabwägung erfolgt (Artikel 6 Abs. 1 lit. f) der DSGVO). Wird der Datenverarbeitung widersprochen, muss der Verantwortliche prüfen, ob die Voraussetzungen des Widerspruchs vorliegen. Zunächst wird geprüft, ob das Widerspruchsrecht sich aus Gründen ergibt, die in der besonderen Situation der betroffenen Person liegen, es müssen also beispielsweise soziale, familiäre, wirtschaftliche oder ethische Gründe vorliegen. Dass die betroffene Person die Datenverarbeitung nicht möchte, reicht dabei nicht aus. Zweitens muss geprüft werden, ob der Verantwortliche selbst zwingende schutzwürdige Gründe nachweisen kann, die die Interessen der betroffenen Person überwiegen und die Datenverarbeitung erforderlich machen. Drittens muss abgewogen werden, ob die Interessen der betroffenen Person nicht doch überwiegen, selbst wenn der Verantwortliche zwingende Gründe nachweisen kann. Die Erhebung eines Widerspruchs hat keine Auswirkung auf die Rechtmäßigkeit der bisher erfolgten Datenverarbeitung. Ist der Widerspruch jedoch wirksam, darf der Verantwortliche die Daten nicht mehr weiterverarbeiten. Das gilt auch dann, wenn die Datenverarbeitung rechtmäßig war.

## Das Widerspruchsrecht im Detail

Artikel 21 Abs. 2 der DSGVO beschäftigt sich mit dem Widerspruchsrecht gegen die Verarbeitung zum Zwecke von Direktwerbung. In diesem Fall hat die betroffene Person jederzeit das Recht zu widersprechen. Wenn also beispielsweise Werbe-E-Mails verschickt werden, darf dagegen jederzeit und ohne Begründung der betroffenen Person Widerspruch erhoben werden. Die Erhebung eines Widerspruchs hat keine Auswirkungen auf die Rechtmäßigkeit der bisher erfolgten Datenverarbeitung. Wird Widerspruch aber erhoben, darf der Verantwortliche die Daten nicht mehr zu diesem Zweck verarbeiten. Das gilt auch dann, wenn die Datenverarbeitung rechtmäßig war. Eine rechtmäßige Verarbeitung zu anderen Zwecken als der Direktwerbung ist weiterhin möglich.

Falllösung: „Du siehst Karla, die betroffene Person hat ihr Widerspruchsrecht ausgeübt. Da es sich um einen Widerspruch gegen Marketing-E-Mails, also um Direktwerbung handelt, musst du auch nichts mehr prüfen. Du musst sie allerdings unverzüglich aus dem Verteiler streichen, denn du darfst ihre personenbezogenen Daten nicht mehr für deine Direktwerbung nutzen. Wenn du das nicht tust, musst du mit einem Bußgeld von der Datenschutzhörde rechnen oder sogar Schadensersatz an die betroffene Person zahlen."

## Leitsatz 11

**Recht auf Widerspruch**

Die DSGVO gewährt **Betroffenen ein Widerspruchsrecht**. Gegen die Datenverarbeitung zum Zwecke der Direktwerbung (Werbe-E-Mails) darf jederzeit Widerspruch eingelegt werden.

### Übersicht 18: Beispiel eines Widerspruchs gegen die Datenverarbeitung

Absender
Adressat

Ort, Datum

**Widerspruch gegen Datenverarbeitung gemäß Artikel 21 Abs. 1 der DSGVO**

Sehr geehrte Damen und Herren,
hiermit widerspreche ich der Verarbeitung nach Art. 6 Abs. 1 f) DSGVO meiner bei Ihnen gespeicherten personenbezogenen Daten.

Ich bin aus den folgenden Gründen nicht mit der Verarbeitung meiner Daten einverstanden:

*(Erläuterung der Gründe für den Widerspruch)*

Sollten Sie meinem Widerspruchsersuchen nicht nachkommen, bitte ich um unverzügliche **Begründung** dessen unter Angabe der gesetzlichen Grundlage.

Mit freundlichen Grüßen
(Unterschrift)

# Lektion 6: Drittparteien und Datentransfer

 Fall 9
Auftragsverarbeitung und gemeinsam Verantwortliche

„Peter, du weißt ja, mein Start-Up wächst ständig und schnell. Für maximale Effizienz will ich Dienstleister in Anspruch nehmen. Dafür werden dann auch personenbezogene Daten übertragen, allein schon, wenn ich einen externen Dienstleister beauftrage, der die Gehaltsabrechnungen für mich übernimmt." Karla ist verunsichert.

## Der Auftragsverarbeitungsvertrag bzw. der Auftragsverarbeiter als Dritter im Inland (DE/EU)

„Guter Punkt, Karla. Die DSGVO enthält auch Regelungen für parteiübergreifende Datenübermittlungen. Das sind zum einen die Auftragsverarbeitung, also die Situation, in der du z.B. einen externen Dienstleister beauftragst, der dann Daten für dich verarbeitet. Zum anderen können zwei Verantwortliche personenbezogene Daten miteinander austauschen."

„Auftragsverarbeiter? Der Begriff ist mir neu."

> ### Übersicht 19: Auszug aus einer Auftragsverarbeitungsvereinbarung
>
> **Auftragsverarbeitungsvertrag nach Artikel 28 der DSGVO**
> zwischen
>
> *[Unternehmen X, Name, Kontaktdaten]*
> als Verantwortlicher (hier bezeichnet als „Auftraggeber")
> und
> *[Unternehmen Y, Name, Kontaktdaten]*
> als Auftragsverarbeiter (hier bezeichnet als „Auftragnehmer")
>
> **Präambel**
> Der Auftraggeber möchte den Auftragnehmer mit den in § 2 genannten Leistungen beauftragen. Teil der Vertragsdurchführung ist die Verarbeitung von personenbezogenen Daten unter der strengen Weisung des Auftraggebers und somit eine Auftragsverarbeitung. Insbesondere Artikel 28 Abs. 3 der DSGVO stellt bestimmte Anforderungen an eine solche Auftragsverarbeitung. Zur Wahrung dieser Anforderungen schließen die Parteien die nachfolgende Vereinbarung, deren Erfüllung nicht gesondert vergütet wird, sofern dies nicht ausdrücklich vereinbart ist.
>
> **§ 1 Begriffsbestimmungen**
> Es gelten die Definitionen aus Artikel 4 der DSGVO.
>
> **§ 2 Vertragsgegenstand**
> (1) Der Auftragnehmer erbringt für den Auftraggeber die im Hauptvertrag beschriebenen Leistungen.
> Dabei erhält der Auftragnehmer Zugriff auf personenbezogene Daten des Auftraggebers und verarbeitet diese ausschließlich im Auftrag und nach Weisung des Auftraggebers [...]

### ▎ Fall 9a
### Auftragsverarbeitung

Wenn ein Verantwortlicher einen externen Dienstleister, z.B. einen Softwareanbieter, beauftragen möchte, wird dieser in aller Regel zumindest Teile der im Unternehmen vorhandenen personenbezogenen Daten verarbeiten. Er fungiert dann in der Regel als sogenannter Auftragsverarbeiter. Die Auftragsverarbeitung ist in Artikel 4 Nr. 8 definiert:

*Auftragsverarbeiter ist demnach jede natürliche oder juristische Person, Behörde, Einrichtung oder andere Stelle, die personenbezogene Daten im Auftrag des Verantwortlichen verarbeitet.*

Auftragsverarbeiter ist somit, wer nicht zum Unternehmen des Verantwortlichen gehört, also eigenständig ist und im Auftrag des Verantwortlichen handelt. Das bedeutet, dass der Auftragsverarbeiter keine eigenen Entscheidungen hinsichtlich der Datenverarbeitung der empfangenen personenbezogenen Daten trifft oder treffen darf, sondern sich an die Anweisungen des Verantwortlichen halten muss. Der Auftragsverarbeiter ist dem Verantwortlichen also untergeordnet und darf nur auf seine Weisung handeln, er ist ihm gegenüber weisungsgebunden. Diese Weisung muss dokumentiert werden. Des Weiteren hat der Auftragsverarbeiter zahlreiche Pflichten zu erfüllen. Er muss unter anderem für eine hinreichende Sicherheit der empfangenen personenbezogenen Daten sorgen. Ist der Auftragsverarbeiter der Ansicht, eine Weisung des Verantwortlichen verstößt gegen die DSGVO, so hat er den Verantwortlichen darüber zu informieren.

### Übersicht 20: Verhältnis zwischen den Personen bei der Auftragsverarbeitung

Betroffene — Verantwortlicher — Auftragsverabeiter

## Überprüfung des Auftragsverarbeiters

Der Verantwortliche darf nur mit Auftragsverarbeitern arbeiten, die die personenbezogenen Daten im Einklang mit der DSGVO verarbeiten. Das muss der Verantwortliche bereits vor Beginn der Auftragsverarbeitung sicherstellen. Über den gesamten Zeitraum der Auftragsverarbeitung muss der Verantwortliche laufend sicherstellen, dass der Auftragsverarbeiter die empfangenen personenbezogenen Daten in Einklang mit der DSGVO verarbeitet.

## Auftragsverarbeitungsvereinbarung

Der Verantwortliche muss mit dem Auftragsverarbeiter eine Vereinbarung über die Auftragsverarbeitung abschließen (Auftragsverarbeitungsvereinbarung, kurz AVV). In dieser Vereinbarung müssen die Rechte und Pflichten des Auftragsverarbeiters festgelegt werden, die sich aus Artikel 28 der DSGVO ergeben.

**Diese umfassen insbesondere:**

- Gegenstand, Dauer, Art und Zweck der Datenverarbeitung durch den Auftragsverarbeiter,

- Art der personenbezogenen Daten, die an den Auftragsverarbeiter übermittelt werden,

- Kategorien betroffener Personen, deren Daten übermittelt werden (z.B. Beschäftigte),

- die Weisungsgebundenheit des Auftragsverarbeiters sowie die Tatsache, dass die Weisung dokumentiert werden muss,

- Anforderungen an die Beauftragung von Unterauftragnehmern durch den Auftragsverarbeiter,

- Unterstützung des Verantwortlichen bei der Beantwortung von Betroffenenrechten und beim Umgang mit Datenschutzvorfällen sowie der Datenschutzfolgenabschätzungen,

- Umgang mit den personenbezogenen Daten nach Ende der Auftragsverarbeitung,

- Mitwirkung bei Audits.

Dies sind ein paar der Mindestbestandteile einer Auftragsverarbeitungsvereinbarung. Darüber hinaus können die Parteien weitere Rechte und Pflichten vereinbaren. Gemäß Artikel 28 Abs. 9 der DSGVO muss die Auftragsverarbeitungsvereinbarung schriftlich geschlossen werden.

## Unterauftragsverarbeiter

Grundsätzlich darf der Auftragsverarbeiter seinerseits die Datenverarbeitung auf Dritte auslagern. Hierfür ist eine Zustimmung des Verantwortlichen erforderlich. Diese Unterauftragsverarbeiter müssen ebenfalls die Grundsätze der DSGVO einhalten. Ebenso wie der Verantwortliche muss der Auftragsverarbeiter mit seinen Unterauftragsverarbeitern eine Auftragsverarbeitungsvereinbarung abschließen und dafür sorgen, dass sie dieselben Datenschutzpflichten erfüllen wie er selbst. Kommt ein Unterauftragsverarbeiter seinen Datenschutzpflichten nicht nach, haftet der Auftragsverarbeiter gegenüber dem Verantwortlichen.

## Haftung

Grundsätzlich haftet der Verantwortliche für das Verhalten seiner Auftragsverarbeiter. Verursacht der Auftragsverarbeiter durch sein Verhalten einen Schaden, muss grundsätzlich der Verantwortliche die Kosten hierfür tragen. Eine Ausnahme besteht nur dann, wenn der Auftragsverarbeiter gegen die DSGVO verstoßen hat, sich nicht an eine vom Verantwortlichen erteilte Weisung gehalten oder sogar entgegen der Weisung gehandelt hat. Im Übrigen trifft die Haftung den Verantwortlichen. Wenn ein Auftragsverarbeiter sich jedoch nicht an die Weisung des Auftraggebers hält und seine Kompetenzen überschreitet, indem er selbst beispielsweise über die Mittel der Verarbeitung entscheidet, obwohl ihm das nicht gestattet wurde, kann er damit selbst in diesem Umfang zum Verantwortlichen werden.

# Die sogenannten Joint-Controller (Gemeinsam Verantwortlichen)

## Fall 9b
### Gemeinsam Verantwortliche

Eine andere Form der Datenübermittlung ist die gemeinsame Verantwortlichkeit gemäß Artikel 26 der DSGVO. Gemeinsame Verantwortliche sind zwei oder mehr Unternehmen oder andere juristische Personen, die gemeinsam die Zwecke und Mittel der Verarbeitung personenbezogener Daten bestimmen. Sie sind jeweils Verantwortliche gemäß Artikel 4 Nr. 7

der DSGVO und verpflichten sich in einer Vereinbarung ihre jeweiligen Rechte und Pflichten festzulegen. Zwischen den gemeinsamen Verantwortlichen besteht also keine Hierarchie wie bei der Auftragsverarbeitung.

Im Rahmen der gemeinsamen Verantwortlichkeit macht Artikel 26 der DSGVO Vorgaben zu der Zusammenarbeit. Hierbei bestimmen die beteiligten Parteien gemeinsam, wer welche Aufgaben in der Datenverarbeitung wahrnimmt. Die gemeinsame Verantwortlichkeit ermöglicht eine effektivere Zusammenarbeit und Arbeitsteilung. Sie könnte beispielsweise in einem Szenario nützlich sein, in dem zwei Unternehmen zusammenarbeiten, um ein neues Produkt anzubieten, und gemeinsam für Marketingzwecke Kundendaten sammeln und nutzen. Beide hätten Mitspracherecht bei der Auswahl der Daten, deren Verwendung und dem Schutz der Daten, und sie müssten ihre jeweiligen Verantwortlichkeiten für die Einhaltung der DSGVO transparent definieren.

Ein weiterer Beispielsfall, in dem häufig gemeinsame Verantwortlichkeit vereinbart wird, ist regelmäßig bei medizinischen Studien gegeben, in denen eine Kooperation zwischen der Klinik und dem Forschungsinstitut besteht.

## Controller zu Controller-Verhältnis

### ▎ Fall 9c
### Getrennt Verantwortliche

Zuletzt gibt es noch die Konstellation von getrennt Verantwortlichen. Dieses Verhältnis ist nicht näher reguliert in der DSGVO. Dabei geht es wieder um zwei Verantwortliche, die allerdings nicht gemeinsam über den Zweck und Umfang der Verarbeitung der personenbezogenen Daten bestimmen, sondern getrennt. Häufig findet sich diese Konstellation zum Beispiel wieder, wenn innerhalb von Konzernstrukturen aus berechtigten Gründen Beschäftigtendaten ausgetauscht werden. Bei der Datenübermittlung zwischen getrennt Verantwortlichen ist aber im besonderen Maße darauf zu achten, dass die Grundsätze der DSGVO eingehalten werden.

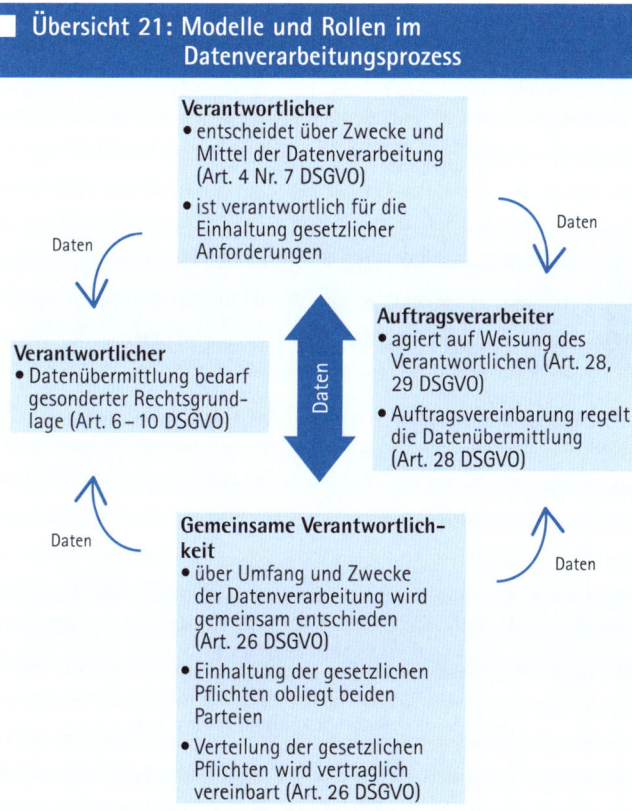

**Übersicht 21: Modelle und Rollen im Datenverarbeitungsprozess**

Falllösung: „Du siehst also, Karla, du hast verschiedene Möglichkeiten, bei der Datenverarbeitung mit anderen Unternehmen zusammenzuarbeiten. Du kannst Auftragsverarbeiter mit der Datenverarbeitung beauftragen. Diese sind weisungsgebunden und müssen sich an deine Anweisungen halten. Du musst sie sorgfältig auswählen und sicherstellen, dass sie die Daten im Einklang mit der DSGVO verarbeiten. Du kannst natürlich auch selbst Auftragsverarbeiter sein und im Auftrag einer Dritten Daten verarbeiten. Außerdem gibt es die Möglichkeit als Verantwortliche mit einem anderen Verantwortlichen entweder getrennt oder gemeinsam über die Datenverarbeitung zu entscheiden. Bei der gemeinsamen Verarbeitung ist Artikel 26 der DSGVO einzuhalten. Bei der getrennten Verantwortung muss ganz besonders darauf geachtet werden, dass alle Grundsätze der DSGVO eingehalten werden."

## Leitsatz 12

**Mittel der parteiübergreifenden Datenverarbeitung**

Die DSGVO kennt die (i) Auftragsverarbeitung, (ii) die gemeinsame Verantwortlichkeit und (iii) die getrennte Verantwortlichkeit als Mittel der parteiübergreifenden Datenverarbeitung.

### Der Auftragsverarbeitungsvertrag bzw. der Auftragsverarbeiter als Dritter im Ausland (non-EU)

### Fall 10
#### Datentransfer in Drittstaaten

„Uff, da muss man ja schon wieder aufpassen. Aber wie ist das denn, wenn ich z.B. mit einem Auftragsverarbeiter zusammenarbeiten will, der nicht in der EU sitzt? Viele meiner Vertragspartner sitzen in den USA und Asien. Ich habe von diesem Max Schrems gehört, der immer wieder irgendwas bei oder mit der EU macht und dann wird's wieder knifflig. Aber wenn ich jetzt darüber nachdenke, sind die meisten Tools, die wir einsetzen, aus den USA oder werden zumindest dort gehostet."

„Da hast du Recht, Karla. Wenn du Daten in Drittstaaten übertragen willst, gibt es einiges zu beachten."

### Generelle Unzulässigkeit

Artikel 44 der DSGVO schreibt vor, dass Datenübermittlungen in Drittstaaten, also Staaten außerhalb des EWR, grundsätzlich unzulässig sind. Sie sind nur unter bestimmten Voraussetzungen erlaubt. Wenn diese Voraussetzungen nicht vorliegen, ist die Datenübertragung verboten. Die DSGVO kennt verschiedene Möglichkeiten der Datenübertragung:

Unter anderem (i) den Angemessenheitsbeschluss gemäß Artikel 45 der DSGVO, geeignete Garantien gemäß Artikel 46 der DSGVO wie (ii) Standardvertragsklauseln oder (iii) die verbindlichen internen Datenschutzvorschriften, auch Binding Corporate Rules genannt.

## Angemessenheitsbeschluss

„Der Datentransfer außerhalb der EU ist verboten? Das heißt ich darf personenbezogene Daten nicht mal in die Schweiz übermitteln?"

„Moment, wie immer gibt es Ausnahmen."

Artikel 45 der DSGVO regelt den sogenannten Angemessenheitsbeschluss. Wenn ein Drittland ein angemessenes Datenschutzniveau bietet, kann die europäische Kommission dies per Angemessenheitsbeschluss feststellen. Ein angemessenes Datenschutzniveau bedeutet nicht, dass das Schutzniveau identisch sein muss. Es ist ausreichend, wenn der Drittstaat aufgrund seiner Gesetzeslage und internationalen Verpflichtungen ein Datenschutzniveau aufweist, das dem der EU im Wesentlichen entspricht. Personenbezogene Daten dürfen dann in das Drittland übertragen werden, ohne dass eine gesonderte Genehmigung erforderlich ist. Natürlich müssen dabei die restlichen Vorschriften der DSGVO beachtet werden. Bisher hat die EU-Kommission Angemessenheitsbeschlüsse für folgende Drittstaaten verabschiedet:

- ▶ Andorra
- ▶ Argentinien
- ▶ Faröer Inseln
- ▶ Guernsey
- ▶ Isle of Man
- ▶ Israel
- ▶ Japan
- ▶ Jersey

- Kanada (Kommerzielle Organisationen)
- Neuseeland
- Republik Korea
- Schweiz
- Uruguay
- Vereinigtes Königreich
- Vereinigte Staaten von Amerika (kommerzielle Organisationen, die am EU-US-Data Privacy Framework teilnehmen)

Wenn ein Angemessenheitsbeschluss für das Land, in das Daten übertragen werden sollen, vorliegt, kann dies vorbehaltlich der Einhaltung der übrigen Vorschriften der DSGVO, ohne weitere Genehmigung oder anderen Rechtsakt erfolgen.

### Standardvertragsklauseln (Standard Contractual Clauses/SCCs)

„Schön und gut, aber ich habe ja auch Dienstleister und Vertragspartner in anderen Ländern sitzen. In Indien zum Beispiel. Was kann ich da denn machen?"

„Auch hierfür gibt es Vorschriften."

Die DSGVO ermöglicht als weiteren Übertragungsmechanismus zum Beispiel die Vereinbarung sogenannter Standardvertragsklauseln, die von der EU-Kommission vorgegeben wurden. Die EU-Kommission hat die sogenannten *Standardvertragsklauseln für die Übermittlung personenbezogener Daten an Drittländer* verabschiedet. In diesen Klauseln werden die Rechte und Pflichten des Verantwortlichen oder Auftragsverarbeiters, der die Daten aus dem Geltungsbereich der DSGVO heraus überträgt (Datenexporteur) sowie desjenigen der die Daten im Drittland empfängt (Datenimporteur) festgelegt. Der Datenexporteur und der Datenimporteur können ohne Standardvertragsklauseln der EU-Kommission vertraglich vereinbaren und so als Rechtsgrundlage für die Datenübertragung nutzen. Die Standardvertragsklauseln der EU Kommission für die Übermittlung personenbezogener Daten an Drittländer enthalten vier Module, die verschiedene Übertragungskonstellationen abdecken.

▶ Modul 1 erfasst die Datenübertragung zwischen Verantwortlichen,

▶ Modul 2 erfasst die Datenübermittlung eines Verantwortlichen als Datenexporteur an einen Auftragsverarbeiter als Datenimporteur,

▶ Modul 3 erfasst die Konstellation, in der ein Auftragsverarbeiter als Datenexporteur die Daten an einen weiteren Auftragsverarbeiter als Datenimporteur übermittelt und

▶ Modul 4 erfasst Fälle, in denen ein Auftragsverarbeiter als Datenexporteur Daten an einen Verantwortlichen als Datenimporteur übermittelt.

Wenn diese Standardvertragsklauseln als Übertragungsmechanismus gewählt werden, muss gemäß der Klauseln 14 und 15 jedoch eine Risikobewertung der Datenschutzlage im Drittland durchgeführt werden, auch Transfer Impact Assessment (TIA) genannt. Wenn der Datenexporteur zu dem Schluss kommt, dass das Datenschutzniveau im Empfängerland nicht ausreichend ist, sind sogenannte zusätzliche Schutzmaßnahmen (supplementary measures) zu implementieren.

## Übersicht 22: Module in den Standardvertragsklauseln

| Datenexporteur | Modul | Datenimporteur |
|---|---|---|
| Verantwortlicher (Datenexporteur) | Modul I — Datenübermittlung | Verantwortlicher (Datenimporteur) |
| Verantwortlicher (Datenexporteur) | Modul II — Datenübermittlung | Auftragsverarbeiter (Datenimporteur) |
| Auftragsverarbeiter | Modul III — Datenübermittlung | Auftragsverarbeiter |
| Auftragsverarbeiter (Datenexporteur) | Modul IV — Datenübermittlung | Verantwortlicher (Datenimporteur) |

### Binding Corporate Rules (verbindliche Interne Datenschutzvorschriften)

Verbindliche interne Datenschutzvorschriften oder auch Binding Corporate Rules sind ein Übertragungsmechanismus, der vor allem an Konzerne gerichtet ist, mit vielen Unternehmen und Niederlassungen rund um die Welt. Mit Binding Corporate Rules können Unternehmen eines Konzerns personenbezogene Daten aus der EWR an Unternehmen desselben Konzerns mit Sitz in einem Drittstaat übertragen. Sie sind wie eine Art Verhaltenskodex für die Datenübermittlungen. Das Unternehmen entwickelt diese Grundsätze selbst, stellt sicher, dass es sie laufend einhält, und muss durch die zuständige Datenschutzbehörde diese Grundsätze genehmigen lassen. Dabei findet eine Zusammenarbeit zwischen der lokal zuständigen Aufsichtsbehörde und anderen Aufsichtsbehörden in der EU statt. Wegen der Komplexität kommen sie vor allem für große und international agierende Unternehmensgruppen in Betracht.

Falllösung: „Du kannst also personenbezogene Daten außerhalb der EU übermitteln, wenn es für das Empfängerland einen sogenannten Angemessenheitsbeschluss von der EU-Kommission gibt. Wenn dies nicht der Fall ist, kannst du beispielsweise versuchen, mit dem Datenimporteur im Empfängerland Standardvertragsklauseln abzuschließen und dann aber zusätzlich noch ein sogenanntes TIA durchführen. Für manche Unternehmen sind auch die Binding Corporate Rules sinnvoll."

## Leitsatz 13

**Internationale Datenübermittlung**

Bei der Übermittlung personenbezogener Daten außerhalb der EU/des EWR sind die Grundsätze zum internationalen Datentransfer aus der DSGVO einzuhalten. Wenn es für das Empfängerland keinen Angemessenheitsbeschluss von der EU-Kommission gibt, müssen andere zusätzliche **Maßnahmen ergriffen werden, um den internationalen Datentransfer zu ermöglichen**. Solche zusätzlichen Maßnahmen können zum Beispiel die Vereinbarung der von der EU-Kommission vorgegebenen Standardvertragsklauseln zum internationalen Datentransfer sein.

# Lektion 7: Das Verarbeitungsverzeichnis, VVT

## Fall 11
### Verarbeitungsverzeichnis

„Uff, da den Überblick zu behalten, wird schwer. Vor allem bei der Masse an Daten, die wir im Start-Up verarbeiten. Wir müssen ja in Zukunft bei quasi allen Tätigkeiten hinterfragen, ob bei dem Prozess personenbezogene Daten enthalten sind."

„Na dafür gibt es ja auch das Verarbeitungsverzeichnis, dass dir ermöglicht, den Überblick zu bewahren."

„Das, was bitte? Langsam machen mich die ganzen Begriffe, die ich noch nie gehört habe, ganz verrückt."

Kommen wir zum nächsten Thema – diesmal geht es um die interne Verwaltung von personenbezogenen Daten.

Artikel 30 der DSGVO regelt das Verzeichnis über Verarbeitungstätigkeiten (VVT). Es wird also sowohl von Verantwortlichen als auch von Auftragsverarbeitern verlangt, dass diese ein Verzeichnis zu ihren Datenverarbeitungstätigkeiten führen.

### Inhalte des VVT

Dieses Verzeichnis sollte folgende Angaben enthalten:

▶ Name und Kontaktdaten des Verantwortlichen oder Auftragsverarbeiters sowie gegebenenfalls deren Vertreter und Datenschutzbeauftragten,

▶ Zweck der Verarbeitung,

▶ Beschreibung der Kategorien Betroffener und der Kategorien personenbezogener Daten, die verarbeitet werden,

▶ Kategorien von Empfängern, denen die personenbezogenen Daten offengelegt worden sind oder offengelegt werden sollen,

## Übersicht 23: Das Verarbeitungsverzeichnis gemäß Artikel 30 der DSGVO

### Das Verarbeitungsverzeichnis (Art. 30 DSGVO)

Die Verpflichtung zum Führen eines Verarbeitungsverzeichnisses betrifft nahezu jedes Unternehmen, jede Behörde und jede Einrichtung.
Im Verzeichnis werden alle Verarbeitungsschritte von personenbezogenen Daten sowie konkrete Schutzmaßnahmen dokumentiert.

### Aufbau und Pflichtinhalte:

**Deckblatt**
Name und Kontaktdaten
- der für den Datenschutz verantwortlichen Stelle (Leitung)
- der/des Datenschutzbeauftragten (DSB)

**Verarbeitungsvorgänge**
= alle Arten der Verarbeitung personenbezogener Daten
(z. B. Erhebung, Speicherung, Löschung, Veränderung, Zusammenfügung, Abgleich)

Für jeden Verarbeitungsschritt aufzuführen:
- Zweck der Verarbeitung
- betroffene Personengruppen
- betroffene Kategorie personenbezogener Daten
- Empfänger der Daten
- Übermittlung an Drittland oder internationale Organisation
- Fristen für die Löschung der Daten

**Schutzmaßnahmen**
= alle technischen und organisatorischen Maßnahmen (TOM), die dem Schutz personenbezogener Daten dienen
Beispiele
Maßnahmen der Gebäudesicherheit
Maßnahmen der IT-Sicherheit
Arbeitsanweisungen und Regelungen für sicheren Umgang mit personenbezogenen Daten

### Verantwortlichkeiten und Befugnisse:

Die Verantwortung für die Führung des Verarbeitungsverzeichnisses liegt bei der Leitung, zuständig für die Erstellung ist die/der DSB, zur Einsichtnahme berechtigt sind Leitung, DSB und Aufsichtsbehörde.

Bei einem Verstoß gegen die Pflicht zum Führen eines Verarbeitungsverzeichnisses drohen erhebliche Bußgelder.

- soweit möglich, die voraussichtlichen Fristen für die Löschung der verschiedenen Kategorien von Daten,

- soweit möglich, eine allgemeine Beschreibung der technischen und organisatorischen Sicherheitsmaßnahmen.

**Wann muss ich ein VVT führen?**

Soweit weniger als 250 Beschäftigte bestehen, muss kein Verarbeitungsverzeichnis geführt werden. Da gibt es also Ausnahmen, außer die Verarbeitungstätigkeiten können ein Risiko für die Rechte und Freiheiten der betroffenen Personen darstellen, sind nicht gelegentlich oder betreffen bestimmte Arten sensibler Daten.

Das Ziel von Artikel 30 ist es, die Rechenschaftspflicht und Transparenz bei der Datenverarbeitung sicherzustellen. Im Falle eines Audits zum Beispiel durch eine datenschutzrechtliche Aufsichtsbehörde kann dieses Verarbeitungsverzeichnis dabei förderlich sein, die Einhaltung der DSGVO nachzuweisen.

Denke daran, es geht nicht nur darum, dieses Verzeichnis zu erstellen, sondern es auch auf Anfrage der zuständigen Datenschutzbehörde vorlegen zu können. Das Verzeichnis sollte daher in einem Format aufbewahrt werden, das leicht verständlich und durchsuchbar ist.

# Lektion 8: Sanktionen und Bußgelder

### Fall 12
Sanktionen

„Okay, jetzt mal ehrlich. Wenn ich mich an diese Vorgaben nicht halten sollte, wie schlimm kann das schon sein? Ich habe einmal von einem Geschäftspartner gehört, dass er sich an den Datenschutz nur hält, wenn es aus seiner Sicht Sinn macht, weil es eh keine hohen Strafen gibt."

## Bußgelder

Sich nicht an die Vorgaben der DSGVO zu halten, hat verschiedene Konsequenzen. Die wohl prominentesten sind die Bußgelder aus der DSGVO. Je nachdem gegen welche Vorgaben aus der DSGVO verstoßen wurde, sieht Artikel 85 der DSGVO verschieden hohe Bußgelder vor, die gegen den Verantwortlichen verhängt werden können. Es sind bei gewissen Verstößen Bußgelder bis zu 20 Millionen Euro oder im Fall eines Unternehmens bis zu 4 % des gesamten weltweit erzielten Jahresumsatzes im vorangegangenen Geschäftsjahr, je nachdem, welcher Wert der höhere ist, möglich.

## Reputationsschäden

Daneben gibt es den klassischen Fall der Reputationsschäden, wenn es mal zu einem Datenschutzverstoß im Unternehmen gekommen ist. Schau einfach mal in die Nachrichten. Wenn es irgendwo ein großes Datenleck gab oder extensiv Beschäftigte überwacht wurden, ist das oft mit schlechten Schlagzeilen verbunden.

## Schadensersatz

Zudem gibt es aber auch die Möglichkeit von Schadensersatzansprüchen. So können zum Beispiel Betroffene, die durch den Verstoß gegen die Vorgaben der DSGVO einen Schaden erlitten haben, gegen den Verantwortlichen Schadensersatz beanspruchen. Ebenso können aber auch Vertragspartner einen Schadensersatzanspruch gegen den Verantwortlichen gelten machen, wenn sich dieser nicht an die vereinbarten Grundsätze zur Einhaltung der Bestimmungen der DSGVO gehalten hat und daraus ein Schaden entstanden ist.

# Leitsatz 14

**Folgen von Verstößen**

Verstöße gegen die DSGVO haben hohe Bußgelder zur Folge. Daneben gibt es aber auch Reputationsschäden sowie die Möglichkeit von Schadensersatzansprüchen gegen den Verantwortlichen.

# Lektion 9: Weitere Aspekte, die im Datenschutz eine Rolle spielen

### Fall 13
#### Was Karla sonst noch beachten muss

„Okay, danke Peter. Ich denke, ich habe die Grundsätze verstanden. Magst du mir noch schnell die letzten wichtigsten Grundlagen nennen, bevor du mir erklärst, wie wir das jetzt im Start-Up effektiv umsetzen können?"

„Ja klar, also starten wir:"

## TOMs, Artikel 32

Die DSGVO dient primär dem Schutz der Privatsphäre der Menschen. Die Umsetzung von technischen und organisatorischen Maßnahmen (TOMs) gemäß Artikel 32 der DSGVO ist notwendig, nicht nur zur Einhaltung der gesetzlichen Vorschriften, sondern auch um das Vertrauen der Kund:innen aufrechtzuerhalten. Die genauen Details der TOMs hängen von der Art des Unternehmens und der Komplexität der verarbeiteten Daten ab. Sie bestehen sowohl aus technischen Maßnahmen, wie der Verwendung von Verschlüsselung und Pseudonymisierung, als auch aus organisatorischen Maßnahmen, wie der Schulung der Mitarbeitenden in Datenschutzfragen und der Einrichtung eines Verfahrens zur regelmäßigen Prüfung, Bewertung und Wirksamkeit dieser Maßnahmen. Es geht darum, die Sicherheit der verarbeiteten Daten zu gewährleisten. Es mag sehr umfangreich erscheinen, aber es ist eine Investition in das Geschäft und das Vertrauen der Kund:innen.

## Übersicht 24: Beispiele für technische und organisatorische Maßnahmen („TOMs")

1. **Zutrittskontrolle** (z.B. verschlossene Türen)
2. **Zugangskontrolle** (z.B. Passwortschutz für Computer)
3. **Zugriffskontrolle** (z.B. Berechtigungskonzept für Datenzugriff)
4. **Weitergabekontrolle** (z.B. Logmechanismen bei Datentransport)
5. **Eingabekontrolle** (z.B. für Eingabe autorisiertes Personal)
6. **Gebot der Datentrennung** (z.B. getrennte Verarbeitung von Daten mit unterschiedlichen Zwecken)

## Datenschutzfolgenabschätzung, Artikel 35

Einige Datenverarbeitungen erfordern eine sogenannte Datenschutzfolgenabschätzung nach Artikel 35 der DSGVO. Das ist ein Prozess, der Organisationen dabei hilft, die Notwendigkeit und Verhältnismäßigkeit einer Datenverarbeitungsoperation zu bewerten und die Risiken für die Rechte und Freiheiten von Einzelpersonen, die sich aus der Verarbeitung personenbezogener Daten ergeben, zu verwalten. Dies geschieht in der Regel durch Identifizierung und Analyse, wie Daten verarbeitet werden, und durch Bewertung, ob dies mit der DSGVO übereinstimmt. Eine sogenannte DPIA (Data Protection Impacr Assessment) ist erforderlich, wenn die Verarbeitung von Daten, insbesondere unter Verwendung neuer Technologien, voraussichtlich ein hohes Risiko für die Rechte und Freiheiten von Einzelpersonen mit sich bringt. Dies könnte ein neues Projekt, eine neue Systemimplementierung oder ein neuer Prozess zur Verarbeitung personenbezogener Daten sein. Die DPIA sollte Informationen wie die Art, den Umfang, den Kontext und die Zwecke der Verarbeitung enthalten und in der Lage sein, potenzielle Risiken wie Datenverstöße zu bewerten. Es handelt sich um einen proaktiven Schritt, um Probleme zu verhindern, bevor sie auftreten. Ein häufiger Fall sind Videoüberwachungen, die im Rahmen einer DPIA bewertet werden, da eine Aufzeichnung immer einen erheblichen Eingriff darstellt. Ein weiterer Anwendungsfall ist das Profiling. Die sogenannte Datenschutzkonferenz (DSK) und auch einzelne Landesdatenschutzbeauftragte haben diverse Vorlagen und Papiere auf Ihren Homepages, die beim Start helfen können.

## Datenschutzbeauftragte, Artikel 37

### Grundlagen über den DSB

Zusätzlich zu den bereits besprochenen Maßnahmen gibt es eine Rolle, die nicht außer Acht zu lassen ist - den Datenschutzbeauftragten (DSB). Der DSB ist kein neues Konzept, das durch die DSGVO eingeführt wurde, sondern wurde bereits durch das Bundesdatenschutzgesetz (BDSG) in Deutschland kodifiziert. Die DSGVO hat jedoch seine Rolle erweitert und in bestimmten Fällen zur Pflicht gemacht. Gemäß der DSGVO muss ein DSB bestellt werden, wenn die Haupttätigkeiten des Verantwortlichen oder Auftragsverarbeiters aus Verarbeitungsvorgängen bestehen, die eine regelmäßige und systematische Überwachung von betroffenen Personen in großem Umfang oder von besonderen Kategorien von Daten oder Daten über strafrechtliche Verurteilungen und Straftaten erfordern. Dabei gilt sowohl bei diesem Punkt als auch bei allen anderen, dass es neben einer gesetzlichen Pflicht sinnvoll sein kann, etwas zu tun, obwohl man dazu nicht gesetzlich verpflichtet ist. Dies trifft auf die Bestellung eines Datenschutzbeauftragten auch zu. Gerade durch die Signalwirkung einer solchen Bestellung kann das Thema stärker ins Bewusstsein der Mitarbeiter rücken und es gibt dazu ein Gesicht im Unternehmen.

Der DSB stellt sicher, dass eine Organisation personenbezogene Daten ihrer Mitarbeitenden, Kund:innen, Lieferant:innen oder anderer Personen gemäß den geltenden Datenschutzbestimmungen verarbeitet. Der DSB nach dem BDSG war hauptsächlich auf öffentliche Stellen und bestimmte Arten von privaten Stellen ausgerichtet, aber mit der DSGVO sind noch mehr Organisationen verpflichtet, einen DSB zu bestellen.

### Wann muss ich einen DSB bestellen?

Es gibt einige Unterschiede zwischen dem BDSG und der DSGVO in Bezug auf den DSB. Zum Beispiel musste nach dem BDSG ein Unternehmen mit 20 oder mehr Mitarbeitenden, das personenbezogene Daten verarbeitet, einen DSB bestellen. Die DSGVO gibt jedoch keine spezifische

Größe oder Anzahl von Mitarbeitenden an; sie basiert auf dem Umfang und der Art der Datenverarbeitung. Darüber hinaus hat die DSGVO umfangreichere Anforderungen an die Qualifikationen des DSB und seine Aufgaben.

Trotz dieser Unterschiede haben das BDSG und die DSGVO ein gemeinsames Ziel, nämlich den Schutz von Daten, und sie interagieren eng miteinander im Bereich des Datenschutzes. Während die DSGVO ein einheitliches Datenschutzrecht in der EU schafft, wendet das BDSG diese Bestimmungen unter Berücksichtigung des spezifischen Kontextes des deutschen Rechts an. Das BDSG widerspricht nicht der DSGVO, sondern ergänzt sie und enthält spezifische Vorschriften für Deutschland. Im Wesentlichen arbeiten beide Gesetze zusammen, um Datenschutzstandards aufrechtzuerhalten und zu verbessern.

Die Entscheidung für einen DSB ist eine sinnvolle Wahl, insbesondere wenn es im Unternehmen eine Arbeitskraft gibt, die sich gut mit den Datenschutzgesetzen und -praktiken auskennt. Diese interne Bestellung gewährleistet eine nahtlose Integration der Aufgaben des DSB in den täglichen Betrieb. Auf der anderen Seite gibt es bemerkenswerte Vorteile bei der Einstellung eines externen DSB. Die Breite ihres Wissens und ihrer Expertise, die sie aus vielfältiger Branchenerfahrung gewonnen haben, kann eine frische Perspektive auf die Datenschutzstrategien des Unternehmens bringen. Darüber hinaus kann ein externer DSB eine gewisse Objektivität bieten, die frei von internen Einflüssen oder Vorurteilen ist. Es ist auch wichtig zu erwähnen, dass die Beschäftigung eines externen DSB Vorteile in Bezug auf Haftung und Kündigungsschutz mit sich bringen kann. Da sie nicht Teil der regulären Belegschaft sind, sind Fragen im Zusammenhang mit Arbeitsrechten, wie beispielsweise Kündigungen, weniger komplex. Darüber hinaus kann ein externer DSB im Falle eines Datenverstoßes die Haftung des Unternehmens möglicherweise mindern, da er eine gewisse Distanz zur Organisation hat. Nachfolgend werden die Aufgaben nochmals grafisch dargestellt:

## Übersicht 25: Aufgaben eines Datenschutzbeauftragten

| Tätigkeiten im Unternehmen | Verpflichtung gegenüber Aufsichtsbehörden | Verpflichtung gegenüber Betroffenen |
|---|---|---|
| ✓ Überwachung und Sicherstellung der Einhaltung des BDSG und der DSGVO | ✓ Direkter Ansprechpartner für die Behörden | ✓ Direkter Ansprechpartner für die Betroffene in allen Datenschutzfragen |
| ✓ Beratung und Schulung des Unternehmens und der Mitarbeitenden im Datenschutz | ✓ Koordination der Zusammenarbeit mit den Behörden | ✓ Sicherstellung des Schutzes personenbezogener Daten im Unternehmen und auch von personenbezogenen Daten von Dritten, mit denen das Unternehmen zusammenarbeitet |
| ✓ Mitarbeitende auf das Datengeheimnis verpflichten | ✓ Bei übergeordneten Themen, wie der Einführung von Binding Corporate Rules oder einer Zertifizierung, Koordination der Kommunikation | |
| ✓ Überwachung der Datenverarbeitung | | |
| ✓ Durchführung der Datenschutz-Folgeabschätzung | | |
| ✓ Prüfung und Dokumentation der Auftragsverarbeitung | | |
| ✓ Erstellung und Einführung eines Löschkonzepts | | |

Der Datenschutzbeauftragte muss offiziell bestellt werden und bei dem zuständigen Landesdatenschutzbeauftragten gemeldet werden. Anbei einmal ein Beispiel einer Bestellungsurkunde.

## Übersicht 26: Bestellungsurkunde eines Datenschutzbeauftragten

**Bestellung zum/zur betrieblichen Datenschutzbeauftragten**

Verantwortliche Stelle

Datenschutzbeauftragte/r

Hiermit bestellen wir Sie mit sofortiger Wirkung zum/zur betrieblichen Datenschutzbeauftragten gem. Art. 37 ff. EU-Datenschutz-Grundverordnung und § 38 BDSG. Die Bestellung erfolgt im gegenseitigen Einvernehmen. In Ihrer Funktion als Datenschutzbeauftragte/r sind Sie der Geschäftsleitung unmittelbar unterstellt.

Das für den Datenschutz zuständige Mitglied der Geschäftsleitung ist Herr/Frau Muster. In der Anlage erhalten Sie die für Ihre Arbeit einschlägigen Normen der EU-Datenschutz-Grundverordnung und des BDSG als Auszug.

Sie sind in Ihrer Arbeit auf dem Gebiet des Datenschutzes weisungsfrei. Sie können sich im Zweifel im Rahmen Ihrer Arbeit an die für uns zuständige Datenschutzbehörde wenden. Über Ihre Tätigkeit werden Sie dem zuständigen Mitglied der Geschäftsleitung einmal jährlich schriftlich Bericht erstatten.

Für die Geschäftsleitung:

Ort, Datum                                                    Name, Unterschrift

## Umgang mit Datenschutzvorfällen, Artikel 33 der DSGVO

Niemand kann 100%ige Einhaltung oder Sicherheit garantieren. Hier kommt Artikel 33 der DSGVO ins Spiel, der sich auf den Fall eines Datenlecks konzentriert. Ein Datenleck bezieht sich auf einen Sicherheitsvorfall, bei dem personenbezogene Daten verloren gehen, verändert, zerstört oder unbefugt abgerufen werden. Unabhängig davon, ob dies absichtlich, fahrlässig oder versehentlich geschieht, gilt dies als Verstoß gegen die DSGVO.

Gemäß Artikel 33 hat der Verantwortliche bei der Verletzung des Schutzes personenbezogener Daten die rechtliche Verpflichtung, dies innerhalb von 72 Stunden nach Kenntnis an die zuständige Aufsichtsbehörde zu melden. Eine solche Verletzung ist Verletzung der Sicherheit, die, ob unbeabsichtigt oder unrechtmäßig, zur Vernichtung, zum Verlust, zur Veränderung, oder zur unbefugten Offenlegung von beziehungsweise zum unbefugten Zugang zu personenbezogenen Daten führt, die übermittelt, gespeichert oder auf sonstige Weise verarbeitet wurden, Artikel 4 Nr. 12 der DSGVO. Diese Benachrichtigung sollte die Art des Datenlecks, die Kategorien und ungefähre Anzahl der betroffenen Datenpersonen und Datenunterlagen sowie mögliche Folgen des Lecks beschreiben. Weiter muss auch kommuniziert werden, welche Maßnahmen ergriffen wurden oder vorgeschlagen werden, um das Leck zu beheben, einschließlich etwaiger Maßnahmen zur Minderung möglicher Auswirkungen.

In bestimmten Fällen müsste das Leck auch den betroffenen Datenpersonen selbst mitgeteilt werden, insbesondere wenn das Leck voraussichtlich ein hohes Risiko für ihre Rechte und Freiheiten darstellt. Das Ziel hierbei ist es, den Menschen zu ermöglichen, notwendige Vorsichtsmaßnahmen zu ergreifen.

Falllösung: Für den Fall, dass ein Problem auftritt, muss das binnen 72 Stunden bei der zuständigen Datenschutzbehörde gemeldet werden. Es ist wichtig, dass das Ziel der DSGVO nicht darin besteht, zu bestrafen, sondern die Datenschutzrechte der Einzelpersonen zu schützen. Es geht darum, transparent und verantwortungsbewusst zu sein. Wenn also etwas schiefgeht, ist es wichtig, es nicht zu verbergen, sondern zu melden und die erforderlichen Maßnahmen zu ergreifen, um es anzugehen. Es geht darum, eine Kultur der Verantwortlichkeit und des Vertrauens zu schaffen.

# Leitsatz 15

**Datenschutzvorfälle**

Datenschutzvorfälle können auch aus Versehen passieren. Nicht immer muss es ein Hacker von **außerhalb der Organisation**, des Unternehmens sein. Es gibt zum einen **technische Probleme oder menschliches Versagen** innerhalb des Unternehmens (z.B. einen Brief an den falschen Empfänger schicken oder ein Bild veröffentlichen, für das man keine Rechtsgrundlage hat). Datenschutzvorfälle sind innerhalb von 72 Stunden bei der zuständigen Datenschutzbehörde zu melden. Dies betrifft die meldepflichtigen Pannen. Nicht meldepflichtige Pannen müssen lediglich intern dokumentiert werden. In anderen Ländern gibt es diese Unterscheidung nicht immer. In den USA gibt es als Beispiel lediglich Pannen und Vorgänge. Pannen sind dort i.d.R. zu melden. Es gibt unterschiedliche Fragen, die man sich dabei stellen muss, wenn ein Vorfall zu melden ist. Wichtig ist insbesondere, ob an die Behörde und den Betroffenen zu melden ist. Dies hängt ganz wesentlich von der Gefährdungslage ab.

Datenschutzrecht

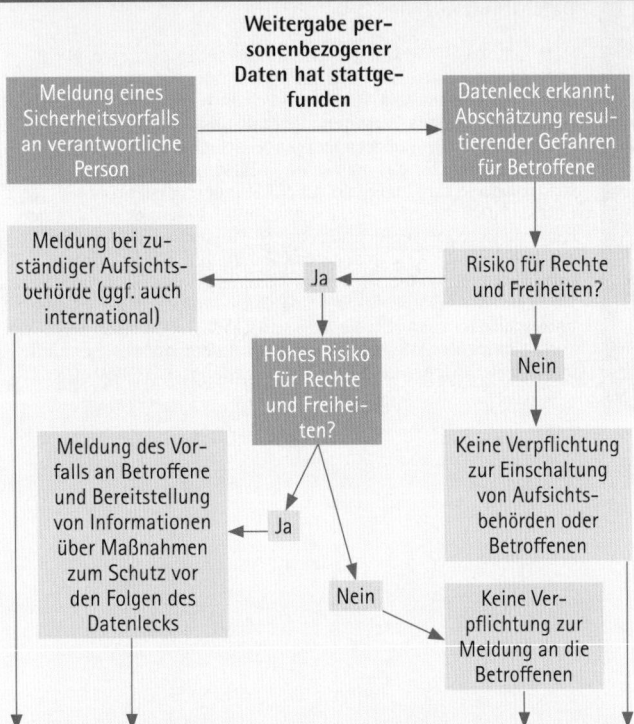

### Übersicht 27: Meldung eines Datenschutzvorfalls

Gemäß Art. 33 Abs. 5 DSGVO müssen alle Datenlecks dauerhaft dokumentiert werden. Es müssen alle im Zusammenhang mit der Verletzung des Schutzes personenbezogener Daten stehenden Fakten, deren Auswirkungen und die ergriffenen Abhilfemaßnahmen erfasst werden.

## Arbeitnehmerdatenschutz nach § 32 BDSG

Beim Arbeitnehmerdatenschutz wirken das Betriebsverfassungsgesetz (BVerfG) und der Arbeitsvertrag zusammen mit der DSGVO und dem BDSG. In der Regel werden Mitarbeiter auf das Datengeheimnis verpflichtet und unterschreiben, gesondert von Ihrem Arbeitsvertrag (wegen der Freiwilligkeit), eine Einwilligung in die Verarbeitung ihrer personenbezogenen Daten, die nicht zwingend mit der Erfüllung des Arbeitsvertrages zu tun hat. Gerade bei einem jungen Unternehmen sollte man sich gut überlegen, welche personenbezogenen Daten man nutzen möchte und das mit dem jeweiligen Mitarbeiter individuell besprechen. Dabei sollte man in besonderen Fällen darauf achten, dass u.U. auch ein Lizenzvertrag Sinn machen kann. Wenn man z.B. Bilder von Mitarbeitern für Marketingmaterialien verwenden möchte, sollte man im Hinterkopf behalten, dass ein Mitarbeiter nach der DSGVO das Recht hat, seine Einwilligung zu widerrufen. Daher sollte in einem solchen Fall ein Mehr vorliegen als eine reine Datenschutzrechtliche Einwilligung.

# III. Managementsysteme

## Lektion 10: Was ist ein Managementsystem?

### Fall 14

„So viele Gesetze in Deutschland, Europa und der Welt. Wie will man das denn alles im Blick behalten und als Unternehmen sicherstellen, dass sich auch alle Mitarbeitenden daran halten, Peter? Hast du Tipps oder Ideen, wie man das managed? Es fällt mir schon schwer, alles direkt nach unserer Diskussion hier irgendjemandem bei mir im Unternehmen zu erklären."

„Also erst einmal ein paar Basics, Karla. Ein Managementsystem ist ein Werkzeug, das verwendet wird, um sicherzustellen, dass eine Organisation ihre Ziele und Vorgaben erreicht. Es bietet Struktur und hilft bei der Organisation der verschiedenen Komponenten der Organisation, wie Personal, Ressourcen, Prozesse, Technologie und Kundenbeziehungen. Durch ein gut strukturiertes System ist es für Organisationen einfacher, ihre Ziele effizient und effektiv zu erreichen. Darüber hinaus kann ein Managementsystem dazu beitragen, eine Kultur der Verantwortlichkeit und Verantwortungsbewusstsein in der gesamten Organisation zu schaffen. Dies stellt sicher, dass jeder seinen Teil zum Erfolg des Unternehmens als Ganzes beiträgt.

### Das Beispiel Qualitätsmanagementsystem (DIN ISO 9000)

Ein bekannter Typ eines Managementsystems ist das Total Quality Management (TQM). TQM konzentriert sich darauf, die Kundenzufriedenheit durch die Schaffung einer Umgebung zu verbessern, die kontinuierliche Prozessverbesserung und Produktqualität fördert. Dieser Typ des Systems legt den Schwerpunkt auf Teamarbeit und Kommunikation zwischen den Abteilungen, um sicherzustellen, dass alle Aspekte der Produktion gemeinsam auf das gleiche Ziel hinarbeiten. Ein weiteres beliebtes Managementsystem ist Lean Manufacturing. Es zielt darauf ab, Verschwendung zu reduzieren und die Effizienz durch die Optimierung von Prozessen und die Beseitigung von Schritten, die keinen Mehrwert generieren, zu steigern.

## Umgang und Effizienz eines Managementsystems

Schließlich ist es wichtig zu beachten, dass ein Managementsystem nicht als statisches Dokument betrachtet werden sollte. Es sollte regelmäßig bewertet und aktualisiert werden, um sicherzustellen, dass die Organisation ihre Ziele und Vorgaben auf effiziente Weise erreicht. Durch dieses Vorgehen können Organisationen gegenüber der Konkurrenz die Nase vorn behalten und langfristig erfolgreich bleiben. Du siehst, Karla, Managementsysteme gibt es einige und auch vielleicht das eine oder andere, dass du bei deiner Start-Up-Wachstumskurve bald benötigst. Neben dem, was es gibt, ist natürlich jetzt noch viel wichtiger, wie man das Ganze einführt." Wie immer sind Modelle ein hilfreiches Hilfsmittel, um die Strukturen zu erfassen, zu planen und umzusetzen.

### Übersicht 28: Implementieren eines Datenschutzmanagementsystems

**ACT – Aufrechterhaltung und Verbesserung des DSMS**
(Kontinuierliche Verbesserung durch Korrektur- und Präventiv-maßnahmen gem. Ergebnissen der Check-Phase und anderem Feedback, z.B. zur aktuellen Risikosituation, Bedrohungen, Entwicklungen, Anforderungen, Außerdem: Handhabung von Sicherheitsvorfällen.

**PLAN – Definieren des DSMS**
(Strategien, Ziele, Prozesse, Vorschriften, Verfahren, Werkzeuge und Verantwortlichkeiten)

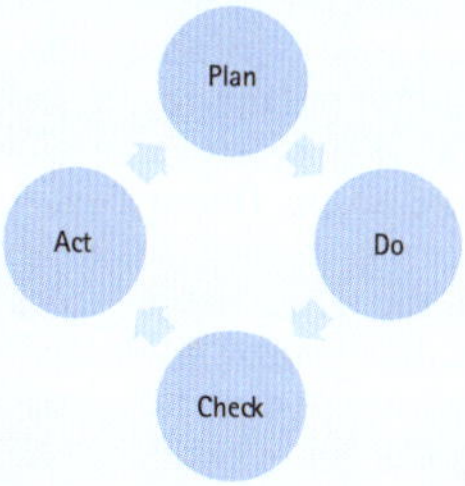

**CHECK – Überwachung und Kontrolle des DSMS**
(Managementbewertungen von Auditergebnissen und praktischen Erfahrungen, Identifikation von Handlungsbedarf und Optimierungspotenzial

**DO – Implementierung und Ausführung des DSMS**
(Umsetzung der definierten Prozesse, Vorschriften und Verfahren sowie in Übereinstimmung mit den Zielen des DSMS)

# Lektion 11: Die Implementierung eines Managementsystems

„Die Implementierung eines Managementsystems sollte nicht leichtfertig erfolgen. Organisationen sollten sich Zeit nehmen, um verschiedene Systeme zu recherchieren und zu entscheiden, welches am besten zu ihren Bedürfnissen passt. Es ist wichtig, alle Aspekte der Organisation zu berücksichtigen, einschließlich Personal, Ressourcen, Prozesse, Technologie und Kundenbeziehungen, um zu bestimmen, welcher Systemtyp am besten für sie geeignet ist. Darüber hinaus sollten Organisationen sicherstellen, dass sie angemessene Schulungsprogramme haben, um sicherzustellen, dass ihre Mitarbeitenden mit dem gewählten System vertraut und kompetent sind. Durch diese Maßnahmen können Organisationen sicher sein, dass sie ein System gewählt haben, das ihnen helfen wird, erfolgreich zu sein und ihre Ziele zu erreichen. Das Ganze nach dem Motto: „Tu Gutes und sprich darüber."

## Der KVP (kontinuierliche Verbesserungsprozess)

Neben der Implementierung eines Managementsystems sollten Organisationen auch bestrebt sein, eine Umgebung kontinuierlicher Verbesserung zu schaffen. Dies bedeutet, dass alle Mitarbeitenden ermutigt werden, Vorschläge zur Prozessverbesserung zu machen und diese Änderungen zeitnah umzusetzen. Darüber hinaus sollten Organisationen sicherstellen, dass jeder für sein Handeln zur Rechenschaft gezogen wird und dass Belohnungen an diejenigen vergeben werden, die positiv zum Erfolg der Organisation beitragen. Durch die Schaffung einer Umgebung kontinuierlicher Verbesserung können Organisationen sicherstellen, dass ihr Managementsystem die gewünschte Wirkung hat und ihnen hilft, ihre Ziele zu erreichen. Das Ganze, Karla, ist ein lebendes Konstrukt und sollte ständig verbessert und an die aktuelle Situation in deinem Unternehmen angepasst werden."

## Leitsatz 16

**Managementsysteme**

Managementsysteme helfen Prozesse zu vereinheitlichen und Themen zu bündeln. Dadurch wird es Mitarbeitenden erst ermöglicht, **komplexe Themen schnell zu erfassen** und diese auch neben einer anderen Aufgabe zu bewältigen. Eine klare Positionierung von Aktivitäten in der täglichen Arbeit ist dann möglich und bringt verbesserte Ergebnisse.

Falllösung: „Um regulatorische Themen zu managen, solltest Du, Karla, ein Managementsystem einführen. Dieses muss leicht verständlich sein. Insbesondere, wenn du schnell neue Leute on-boardest oder viele Wechsel hast. Dabei ist das Implementieren wichtig, damit nachher auch jede:r weiß, was zu tun ist. Da arbeitet man sehr gerne mit dem PDCA-Modell. Das zeige ich dir gerne einmal hier an der Tafel:"

Siehe Übersicht 28.

### Das PDCA-Modell, um ein Managementsystem anzupacken

Das PDCA-Modell ist nur ein Weg, das Datenschutzmanagementsystem immer wieder zu verbessern. Es hat sich bei vielen Firmen gezeigt, dass die Erstellung oft gut funktioniert, die Dokumente aber am Leben zu erhalten nicht ganz so leicht von der Hand geht. Es geht einfach darum etwas zu finden, das man verwenden kann, um die einzelnen Schritte eines Prozesses strukturiert zu hinterfragen.

# Lektion 12: Das Compliance Management System (CMS)

Ein gutes Beispiel für den Einsatz eines Managementsystems ist, neben dem Datenschutz, der Bereich „Compliance". Nachher versuche ich dir noch zu erklären, wie man die Themen miteinander verbinden kann. Daher lass uns gerne noch einen Blick auf eine Übersicht zum Thema Compliance Management werfen."

## Übersicht 29: Compliance Management System (IDW PS 980)

**Compliance-Überwachung und -Verbesserung**
Überwachung der Angemessenheit und Wirksamkeit des CMS, Berichterstattung über Schwachstellen und Verstöße an das Management, Durchsetzung und Verbesserung des CMS

**Compliance-Ziele**
Festlegung wesentlicher zu erreichender CMS-Ziele auf Grundlage der allgemeinen Unternehmensziele, Festlegung der relevanten Teilbereiche und der darin einzuhaltenden Regeln

**Compliance-Kommunikation**
Information und Beratung betroffener Mitarbeiter und ggf. Dritter über das Compliance-Programm sowie der CMS-Rollen und -Verantwortlichkeiten, Festlegung der Berichtswege und -inhalte für Compliance-Risiken und für Hinweise auf Regelverstöße

**Compliance-Organisation**
Bestimmung der Aufbau- und Ablauf-organisation, Festlegung von Rollen, Verantwortlichkeiten, Zur-Verfügung-Stellen notwendiger Ressourcen

**Compliance-Programm**
Einführung von Grundsätzen und Maßnahmen zur Begrenzung von Compliance-Risiken und Vermeidung von Compliance-Verstößen, Dokumentation des Compliance-Programms

**Compliance-Risiken**
Identifikation der Compliance-Risiken unter Berücksichtigung der Compliance-Ziele, Analyse der Compliance-Risiken im Hinblick auf deren Eintrittswahrscheinlichkeit und mögliche Folgen

(Compliance Management System (CMS) IDW PS 980)

# Lektion 13: Das Datenschutzmanagementsystem

„Auch Datenschutz(-Recht) gehört aus meiner Sicht, Karla, zum übergeordneten Thema Compliance. Es geht beim Thema Compliance um die Einhaltung von rechtlichen Grundlagen und selbststrukturierten Richtlinien. Beides ist dann auch im Bereich Datenschutz relevant. Die gesetzlichen Vorgaben, z.B. der DSGVO und des BDSG, müssen eingehalten werden, aber auch die selbst strukturierten Richtlinien eines Datenschutzmanagementsystems."

„Aber Peter, warum gibt es dann überhaupt etwas Eigenes für den Datenschutz?"

„Karla, da gibt es noch die eine oder andere Besonderheit, über die wir sprechen sollten, insbesondere im Bereich der Prozesse, die wir für dich erstellen müssen."

### Fall 15
„Das ist mir doch klar: ohne Prozesse kann man nicht automatisieren oder digitalisieren. Da sind wir quasi in meinem Spezialgebiet. Mein Start-Up funktioniert nur dann, wenn wir alles mit KI machen und skalieren können. Ich will schließlich einer Hyperscaler aufbauen und meine Investor:innen machen mir da auch richtig Druck, dass das klappt. Aber ich habe jetzt immer noch nicht verstanden, wie mir ein Managementsystem helfen soll. Peter, wie sieht das denn konkret für den Datenschutz aus?"

## Was sind die Besonderheiten im Datenschutz (im Bereich des Handbuches und der Richtlinien und Prozesse)?

### Was für eine Rolle spielt die DSGVO im DSMS

„Die Grundannahmen, Karla, bleiben wie oben beschrieben erhalten. Ergänzt werden diese dann lediglich um die Spezifika, die man zusätzlich für den Datenschutz braucht und dann werden die allgemeinen und besonderen Aspekte zusammengeführt. Ein Datenschutzmanagementsystem (DSMS) ist also ein Werkzeug zur Erfüllung von Verpflichtungen in Bezug auf den Schutz personenbezogener Informationen. Es hilft

Organisationen dabei, die Einhaltung geltender Datenschutzgesetze wie der Datenschutz-Grundverordnung (DSGVO) zu etablieren, aufrechtzuerhalten und zu überwachen. Das System bietet Anleitung zum Schutz personenbezogener Daten, einschließlich der ordnungsgemäßen Erfassung, sicheren Speicherung und Vernichtung, wenn diese nicht mehr erforderlich sind. Darüber hinaus bietet das System Prozesse zur Beantwortung von Anfragen von Betroffenenrechten, wie z.B. solche im Zusammenhang mit Zugang oder Berichtigung.

## Nutzen eines DSMS

Ein Datenschutzmanagementsystem hilft Organisationen also sicherzustellen, dass sie die personenbezogenen Informationen ihrer Kund:innen und Mitarbeitenden auf verantwortungsvolle Weise schützen. Kommt dir jetzt bestimmt schon bekannt vor, Karla. Das Managementsystem macht nämlich nichts anderes, als die oben beschriebenen Artikel und Paragrafen in echtes „Doing" umzusetzen, um in deinem Denglisch zu bleiben. Das Ganze musst du dir wie eine Pyramide vorstellen. Oben, on the Top, steht das Datenschutzhandbuch, natürlich von dir als Inhaberin und Geschäftsführerin unterschrieben. Wir wissen ja beide, der Fisch stinkt vom Kopf, also müssen wir auf den „Tone from the Top" achten. Dann folgen Richtlinien für die einzelnen übergeordneten Bereiche. Auf dieser Ebene befinden sich dann zum Beispiel die Betroffenenrechte oder der internationale Datentransfer. Im Mittelbau des Systems werden dann die einzelnen Anforderungen in Prozessen definiert und idealerweise auch visualisiert. Hier könntest du Deine Freund:innen aus den Legal Design Start-Ups bitten, das möglichst ohne Text und auf den User zugeschnitten zu machen. Da fällt mir ein, ich kenne da auch den ein oder anderen und muss mal fragen, was die so haben.

## Die Struktur des DSMS

### I. Das Handbuch („Manual")

All das, was wir vor die Klammer ziehen, schreiben wir in ein Handbuch. Dort definierst du dann, was du im Datenschutz für die Firma siehst und wo du konkret dahinterstehen kannst. Es gibt kleinere Tools, die dir dabei gut helfen können, diese Definitionen deiner Grundstrukturen zu erarbeiten. Dabei gibt es Tools, die eher auf Textbasis operieren und andere, die eher die Prozesse in den Vordergrund stellen. Moderne Tools setzen dabei häufig auf KI (Textpromter).

## II. Die Richtlinien eines DSMS

Das Handbuch sollte vom Management unterschrieben und über deren Kommunikationswege beworben werden. Der Fisch stinkt vom Kopf und auch bei der Orientierung auf ein regulatorisches Thema ist die Rückendeckung und das Commitment der ersten Führungsebene ganz entscheidend. Wenn du dieses grundsätzliche Dokument einmal erstellt und absegnen lassen hast, erstellt man für die größeren Blöcke Richtlinien. Also z.B. für die Betroffenenrechte, aber auch für das übergeordnete Thema Datensparsamkeit und Löschung der Daten. Eine andere Option ist auch, die Richtlinien an übergeordneten Themen zu orientieren (wie z.B. EU-Datenschutz, DE und global).

## III. Die Handlungsanweisungen bzw. Handreichungen eines DSMS

Auf der letzten Ebene finden wir dann Handlungsanweisungen für die Nutzer:innen, die Koordinator:innen und deren Community und i.d.R. einige Tools. Diese Ebene wird von den meisten stark unterschätzt und dadurch scheitern viele Bemühungen, ein Datenschutzmanagementsystem im Unternehmen zu etablieren. Man muss sich Zeit nehmen, um gute Vorlagen zu erstellen. Es geht darum, die Kolleg:innen auch in die Lage zu versetzen, die übergeordneten Richtlinien umzusetzen. Nehmen wir einmal das Beispiel einer Beauskunftung nach Artikel 15 der DSGVO. Ein externer Betroffener (Kunde) fragt bei dir an, dass du ihm alle personenbezogenen Daten mitteilen sollst, die du über ihn gespeichert hast. Eine sehr strenge Kollegin, und ich kann dir sagen, Karla, die ist viel strenger als ich, hat immer gesagt, es muss wirklich alles beauskunftet werden. Also musst du im Unternehmen definieren, wie weit du hierbei gehen willst (z.B. ist auch in Dokumenten früher in Office der Ersteller per Name festgehalten worden). Aber neben dem Umfang musst du auch definieren, wie du bestimmen willst, dass z.B. bei einer E-Mailanfrage auch der Absender verifiziert werden soll. Früher hat man sich oft eine Kopie des Personalausweises schicken lassen. Heute wählt man viel differenziertere Wege. Bei Mitarbeitenden kann man z.B. über die Abfrage der Personalnummer gehen. Ich weiß, Karla, das sind viele Details, aber du brauchst natürlich auch eine Idee darüber, auf welchem Weg du wie antworten willst.

## IV. Tools, die das Leben im Datenschutz erleichtern

Wenn du per E-Mail zurückantwortest, muss du dir Gedanken über die sichere Übermittlung machen und so weiter und so weiter. Du siehst an meinen Beispielen, dass hier auf der unteren Ebene der Pyramide des DSMS super viel passiert. Ohne eine digitale Hilfestellung bist du quasi immer am Suchen und micro-managen. Dabei sind die rechtlichen Rahmenbedingungen klar. Nicht immer die ausfüllungsbedürftigen Begriffe, aber zumindest der Wortlaut der Paragrafen und Artikel. Das „Wie" musst und solltest du aber sehr genau definieren."

Beispielhafte Tools sind: OneTrust, Racoon etc.

„Durch die Tools werden feste Abläufe digitalisiert und es entsteht eine Kommunikation zwischen dem Verfahrensverantwortlichen und dem Verfahrensverzeichnis. Das auch deshalb, weil Projekte und technische Abläufe immer komplexer werden und der Verantwortliche für einen solchen Prozess viel eher in der Lage ist, dieses verständlich zu erfassen. Denn was bringt einem ein Verfahrensverzeichnis, wenn man nicht versteht, was eigentlich dort drinsteht. Aber es geht natürlich auch um Aktualität, Karla. Als ich einmal bei einem Unternehmen nach einem Verfahrensverzeichnis gefragt hatte, wurde mir geantwortet: „Jaja, das haben wir einmal erstellt. Ist sicherlich noch keine zwei Jahre her." Gut, es war fast fünf Jahre her, dass dieses erstellt wurde und seitdem hatte sich das Verzeichnis keiner mehr angeschaut, weil der damalige interne Datenschutzbeauftragte in den wohlverdienten Ruhestand gegangen war. Das bringt mich dazu, dass wir noch über die Unterschiede zwischen Datenschutzbeauftragten und Datenschutzkoordinatoren sprechen müssen.

Wenn das dann alles aufeinander abgestimmt ist, müsste jede:r bei dir im Unternehmen wissen, was wann zu tun ist."

## Übersicht 30: Ebenen eines Datenschutzmanagementsystems

**Stufe 1: Datenschutzpolitik/ Unternehmensrichtlinie**
- Strategische Ziele
- Definition und Organisation und Verantwortlichkeiten inkl. Rollendefinition

**Stufe 2: Zielgruppenorientierte Guidelines**
- DS-Compliance in Geschäftsprozessen
- DS-Compliance der Dienstanbieter
- DS-Compliance in Marketing und Vertrieb
- DS-Compliance im Arbeitsverhältnis

**Stufe 3: Management-Prozess des DSMS**
- Risiken, Dokumentation, Kommunikation und Audits
- Verarbeitungsaktivität und Ressourcenmanagement
- Datenschutz-Folgenabschätzungen und Datenpannen
- Datenverkehr, Service Provider Management, Qualifikation
- Verwaltung von Löschung, Sperrung und Entsorgung
- Organisation und Verantwortlichkeiten inkl. Rollen

**Stufe 4: Konkrete Hilfe im Arbeitsalltag**
- Werkzeuge (Formulare, Checklisten usw.)
- Konkrete Handlungsanweisungen zur Umsetzung der Richtlinien im Arbeitsalltag

# Leitsatz 17

### Die Pyramide eines Managementsystems

Die Pyramide eines Managementsystems orientiert sich an **übergeordneten Leitunterlagen** (z.B. dem Datenschutzhandbuch), übergeordneten Richtlinien, genau definierten Prozessen und dann noch Handlungsanweisungen. Am besten das ganze System wird digital unterstützt.

### V. Die Datenschutzpyramide zeigt auf, wo die meiste Arbeit steckt

Falllösung: „Wir beiden wissen, Karla, die meisten M&A-Transaktionen scheitern nach dem Signing und Closing bei der sogenannten Post-Merger-Integration. Dies aus mehreren Gründen. Zum einen hört dann oft die Planung auf und es gibt kein Budget mehr. Im Datenschutz ist das noch viel schlimmer, da es sich um ein eher unbeliebtes Thema handelt, muss immer wieder auf die Notwendigkeit hingewiesen werden und es sollten ganz klare Strukturen vorliegen, damit jeder weiß, was wann zu tun ist."

### Fall 16

„Also Karla, für viele Unternehmen brauchst du jetzt noch eine Auskunftsperson. Im Datenschutz nennt man diese, auch mit Sonderaufgaben, Datenschutzbeauftragte:r. Aber diese Person ist nicht zwingend für Deine internen Aufgaben zuständig."

„Wie bitte, Peter, habe ich das richtig verstanden, ich brauche unter Umständen einen Datenschutzbeauftragten, aber er macht die Arbeit nicht? Das musst du mir erklären, vielleicht sollte ich umschulen."

## Der Datenschutzbeauftragter (intern/extern), als Herr über das DSMS und Impulsgeber

„Vielleicht kann ich das ja dann für dich übernehmen Karla, aber jetzt erkläre ich dir erst einmal, was ein Datenschutzbeauftragter ist, auch wenn ich das schon oben rechtlich eingeordnet habe, und tut. Ein Datenschutzbeauftragter (DSB) ist eine entscheidende Rolle innerhalb einer Organisation und trägt die Verantwortung dafür, die Einhaltung der Datenschutzgesetze und -bestimmungen sicherzustellen. Als Person mit spezialisiertem Wissen auf diesem Gebiet ist der DSB dafür zuständig, umfassende Datenschutzrichtlinien zu entwickeln und umzusetzen, die auf die spezifischen Bedürfnisse der Organisation zugeschnitten sind. Diese Richtlinien dienen als Rahmen für den Schutz personenbezogener Informationen und werden regelmäßig aktualisiert, um aufkommenden Datenschutzbedenken gerecht zu werden. Er ist somit ein ganz wesentlicher Teil deines Managementsystems.

## I. Aufgaben des DSB im Rahmen des DSMS

Neben der Entwicklung von Richtlinien spielt der DSB eine wichtige Rolle bei der Schulung der Mitarbeitenden zu diesen Richtlinien und bei der Sensibilisierung für bewährte Verfahren im Datenschutz. Durch die Förderung einer Kultur des Datenschutzes ermächtigt der DSB die Mitarbeitenden, personenbezogene Informationen verantwortungsvoll zu handhaben und potenzielle Risiken zu mindern. Die Überwachung der Einhaltung von Datenschutzbestimmungen ist ein weiterer wesentlicher Aspekt der Verantwortlichkeiten des DSB. Regelmäßige Prüfungen und Bewertungen werden durchgeführt, um die Einhaltung der festgelegten Richtlinien sicherzustellen und Bereiche zur Verbesserung zu identifizieren. Im Falle eines Datenschutzverstoßes oder einer Anfrage zur Ausübung von Betroffenenrechten ergreift der DSB umgehend Maßnahmen, koordiniert die Reaktion und setzt erforderliche Maßnahmen zur Minderung der Auswirkungen um.

## II. Der DSB als Bindeglied

Darüber hinaus fungiert der DSB als Bindeglied zwischen der Organisation und allen Drittanbietern von Dienstleistungen. Es liegt in seiner Verantwortung sicherzustellen, dass diese Anbieter robuste Datenschutzmaßnahmen zum Schutz personenbezogener Informationen haben. Regelmäßige Überprüfungen und Bewertungen werden durchgeführt, um die Wirksamkeit dieser Maßnahmen zu bewerten und auftretende Bedenken anzugehen. Insgesamt ist die Rolle eines DSB von entscheidender Bedeutung, um Organisationen bei der Bewältigung der komplexen Datenschutzlandschaft zu unterstützen. Durch das proaktive Ansprechen von Datenschutzbedenken, die Gewährleistung der Einhaltung und die Förderung einer Kultur des Datenschutzes dient der DSB als Hüter personenbezogener Informationen. Er baut Vertrauen bei den Stakeholdern auf und ermöglicht der Organisation, in einer zunehmend datengetriebenen Welt erfolgreich zu sein.

## III. Der Konzerndatenschutzbeauftragte

Wenn Unternehmen größer werden, kann man sich für eine konzernweite Lösung entscheiden, einen sogenannten Konzerndatenschutzbeauftragten, oder man bestellt für alle Gesellschaften einen eigenen Datenschutzbeauftragten, bei denen das gesetzlich vorgeschrieben ist."

> ## Leitsatz 18
> 
> **Der Datenschutzbeauftragte als Bindeglied**
>
> Ein Datenschutzbeauftragter ist ein wichtiges **Bindeglied** in einem Datenschutzmanagementsystem und trägt maßgeblich dazu bei, dass sich die **Methodologie kontinuierlich weiterentwickelt.**

„Okay Peter, das klingt schon ziemlich genau nach dir. Viel lesen, immer den Finger in die Wunde legen, aber dann die Suppe nicht auslöffeln wollen. Sich an alles halten muss dann wieder ich mich selbst."

### IV. Der DSB im Wandel der Zeit

„Die Rolle des Datenschutzbeauftragten hat sich in den letzten Jahren stark gewandelt. Egal ob du dir interne DSBs anschaust, Karla, oder externe Anbieter (Anwälte wie mich). Früher, als die DSGVO noch nicht da war, bestand für viele DSBs ihr Tagesablauf darin zu schauen, ob die Videokameras am Gebäude nicht den öffentlichen Raum überwachen, dass das Verfahrensverzeichnis in Ordnung ist und seit der 4. BDSG-Novelle auch die nötigen Auftragsverarbeitungsverträge (damals noch Auftragsdatenverarbeitungsverträge) abgeschlossen werden.

### V. Beratung des DSB im Kerngeschäft

Es gab einen regelmäßigen Austausch mit den relevanten Ausschüssen von Betriebsräten bei größeren Firmen und ansonsten haben sich viele der internen Datenschutzbeauftragten aus dem Kerngeschäft herausgehalten. Heute sind DSBs, durch die oben skizzierten Managementstrukturen, Teil des Kerngeschäfts. Sie werden bei neuen Projekten hinzugezogen, gerade im Vertrieb oder der Entwicklung von IT-Services oder Produkten. Daneben müssen Sie regelmäßig an das obere Management berichten und aufzeigen können, dass sie alles im Griff haben, damit man einer Geschäftsleitung oder einem Vorstandsmitglied kein Organisationsverschulden vorwerfen kann. Aus einer reinen Rolle in zweiter Reihe ist ein aktiver Mitspieler geworden. Das hat natürlich auch die Anforderungen an diese Rolle verändert."

## Leitsatz 19

**Der Datenschutzbeauftragte als Risikomanager**

Der Datenschutzbeauftragte ist ein Risikomanager, der den Verantwortlichen dabei unterstützt, durch **strukturierte Impulse den Datenschutz im Blick zu behalten**. Der Jahresbericht eines Datenschutzbeauftragten sollte daher immer die Historie berücksichtigen, einen **Spiegel des vergangenen Jahres der Geschäftsleitung vorhalten** und auf die **Erfordernisse des neuen Jahres** hinweisen. Aus Compliancegesichtspunkten, sollte natürlich auch auf aktuelle Gesetzesinitiativen hingewiesen werden (bei **Konzerndatenschutzbeauftragten** natürlich in allen Ländern, in denen das Unternehmen aktiv ist oder deren Gesetze zu beachten sind).

„Also, was genau macht ein Datenschutzbeauftragter (DSB), Peter?"

### VI. Neues Rollenverständnis im Rahmen des DSMS

„Nun, Karla, seine Hauptverantwortung besteht darin, Datenschutzrichtlinien zu entwickeln und umzusetzen. Dies beinhaltet die Erstellung von Richtlinien für die Erfassung, Speicherung und Verwendung personenbezogener Informationen sowie die Festlegung von Verfahren für die Bearbeitung von Anfragen zu den Rechten von Betroffenen. Diese Richtlinien stellen sicher, dass Organisationen personenbezogene Informationen im Einklang mit den Datenschutzgesetzen behandeln.

a) Kontrolle und Überwachung des DSMS
Der DSB spielt auch eine entscheidende Rolle bei der Sicherstellung der Einhaltung dieser Richtlinien. Er führt regelmäßig Audits und Bewertungen durch, um etwaige Nichteinhaltungen zu identifizieren und die erforderlichen Schritte zu deren Behebung zu ermitteln. Bei einem Datenschutzverstoß oder einer Anfrage zu den Rechten von Betroffenen koordiniert der DSB die Reaktion und arbeitet mit internen Teams und externen Interessengruppen zusammen, um die Situation schnell und gemäß den Vorschriften zu bewältigen. Audits sind im Bereich Datenschutz ein relativ neues Thema. Über ISO-Standards oder TISAX (aus dem Automotive-Bereich) haben Audits aber auch in diesem Bereich Einzug gehalten. Das betrifft sowohl die internen oder DSB-Audits, als auch Audits durch Kunden/Auftraggeber oder sogenannte Supplieraudits (z.B. bei Auftragsdatenverarbeitern). In

großen Unternehmen wird das Thema dann bei der internen Revision (Corporate Audit) aufgegriffen.

### b) Der DSB als Botschafter für den Datenschutz

Aber das ist noch nicht alles! Der DSB fungiert auch als Anwalt für Datenschutz innerhalb der Organisation. Er sensibilisiert die Mitarbeitenden für bewährte Verfahren im Umgang mit personenbezogenen Informationen und berät die Führungskräfte zu Datenschutzbedenken und der Einhaltung von Gesetzen. Dadurch schafft er Vertrauen bei den Stakeholdern und fördert eine Kultur des Datenschutzes. Kurz gesagt ist der Datenschutzbeauftragte dafür verantwortlich, Datenschutzrichtlinien zu entwickeln und umzusetzen, die Einhaltung sicherzustellen und eine datenschutzorientierte Kultur zu fördern. Durch diese Maßnahmen trägt der DSB dazu bei, personenbezogene Informationen zu schützen und Organisationen in unserer zunehmend datengetriebenen Welt erfolgreich zu machen. Dabei kannst du den Datenschutzbeauftragten intern oder extern benennen. Das hat natürlich jeweils Vor- und Nachteile. Als Anwalt tendiere ich zu der externen Lösung, da dann aus meiner Sicht eine bessere Unabhängigkeit gewahrt werden kann. Außerdem ist der Datenschutz für viele immer noch ein sehr unliebsames Thema und man hört tendenziell eher auf eine externe beratende Person als auf ein internes Teammitglied. Der Nachteil einer externen beratenden Person kann darin bestehen, dass man das Wissen nicht intern aufbaut. Hier sollte man aus meiner Sicht darauf achten, dass man das Datenschutzmanagement von der regulatorischen Funktion des Datenschutzbeauftragten trennt und darüber hinaus bei den internen Ansprechpartner:innen in Fachabteilungen und im Ausland das Wissen ebenfalls verankert.

Gerade bei den digitalen Produkten ist es immer wichtiger, das nötige Datenschutzfachwissen schon direkt ins Projektteam zu holen, wenn etwas Neues entwickelt werden soll. Wenn also Du, Karla, dir im stillen Kämmerlein überlegst, was die nächsten Megatrends sein werden, solltest du dir überlegen, ob du dann in das Projektteam nicht von Anfang an auch einen Datenschützer mit reinnimmst. Gerade, weil Deine Produkte oft einen Bezug zu personenbezogenen Daten haben (unmittelbar fast immer, aber mittelbar sicher)."

## Übersicht 31: Datenschutzbeauftragter nach Artikel 37 der DSGVO

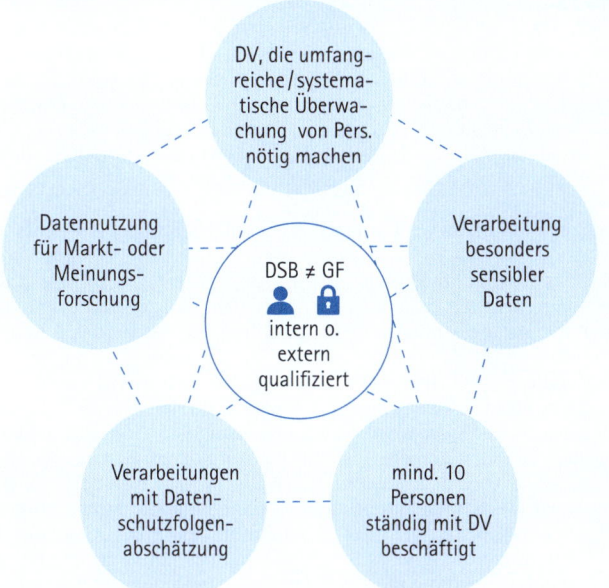

## Das Trennungsprinzip der Aufgaben zwischen regulatorischer „Draufsicht" und operativer „mit-Beratung"

Falllösung: Datenschutzbeauftragte unterstützen dich bei allen Fragen rund um das Thema Datenschutz. Wenn du dann wächst und ein größeres Datenschutzteam aufbauen magst, wird irgendwann eine Trennung zwischen der Einbindung ins operative Geschäft und den regulatorischen Aufgaben erfolgen, damit eine engere Einbindung erfolgen kann

(Spezialisierung). Für Fachabteilungen und im Ausland sollten gesondert Ansprechpartner ernannt werden.

### Fall 17

„Peter, das ist erstmal schwer zu verdauen. Ich benötige einen Datenschutzbeauftragten als Ansprechpartner für die Aufsichtsbehörde und als Ansprechpartner in der Fachabteilung oder im Ausland zusätzlich jemanden? Mein Banker hat mir auch erzählt, dass die jetzt versuchen, den Datenschutz aus der sogenannten Second Line of Defense in die First Line zu holen. Was immer das alles heißt. Hast du davon schon einmal gehört und kannst etwas Licht ins Dunkel bringen?"

## I. Segregation of Duties (Committee, Geschäftsführung, Aufsichtsrat)

„Was das sogenannte Prinzip „Segregation of Duties" (Trennung der Aufgaben) bedeutet, ist eine nicht ganz leichte Frage, aber wir sind ja schon gut vorangekommen. So langsam habe ich das Gefühl, Karla, du wirst noch zur echten Datenschützerin. Die Trennung der Aufgaben ist ein grundlegendes Prinzip wirksamer interner Kontrollen. Es erfordert, dass keine einzelne Person die vollständige Kontrolle über wichtige Aufgaben hat, wie beispielsweise die Autorisierung von Transaktionen, die Eingabe von Daten und die Abstimmung von Konten. Dadurch wird das Risiko von Betrug oder Fehlern verringert, da es schwieriger für eine Person wird, eine unbefugte Handlung ohne Entdeckung auszuführen. Wie oben angedeutet geht der Trend dahin, dass man sich schon bei der Gestaltung von Services und Produkten das nötige rechtliche und Datenschutz-Knowhow mit ins Team holt. So ähnlich ist das mit der Segregation of Duties. Als Aufsicht möchte man nicht nur von außen jemanden im Unternehmen haben, der draufschaut, sondern eine Person, die im Kernbereich involviert ist.

Die Trennung der Aufgaben trägt auch dazu bei, dass die Prozesse der Organisation effizient durchgeführt werden, da Überlappungen und doppelte Arbeit vermieden werden können. Durch die Trennung von Aufgaben in verschiedene Rollen können Organisationen Aufgaben besser an Personen delegieren, die über die entsprechenden Fähigkeiten und Erfahrungen verfügen. Dies ermöglicht eine größere Verantwortlichkeit und Kosteneinsparungen durch erhöhte Effizienz.

Zusammenfassend ist die Trennung der Aufgaben eine wichtige Maßnahme zur internen Kontrolle, die dazu beiträgt, Risiken zu verringern und die Effizienz in Organisationen zu fördern. Durch die Aufteilung von Aufgaben in verschiedene Rollen können Organisationen sicherstellen, dass angemessene Kontrollen vorhanden sind, um ihre Betriebsabläufe vor Betrug oder Fehlern zu schützen. Darüber hinaus ermöglicht die Trennung der Aufgaben eine bessere Delegation von Aufgaben an Personen mit den richtigen Fähigkeiten und Erfahrungen, was eine größere Verantwortlichkeit und Kosteneinsparungen fördert. Alle diese Elemente helfen Organisationen dabei, eine sichere und effiziente Betriebsumgebung aufrechtzuerhalten.

## II. Die Datenschutzstrategie als Instrument im Datenschutz

Diese Prinzipien sind insbesondere in Organisationen wichtig, die sensible Informationen, wie Kundendaten oder Finanzunterlagen, verarbeiten. Eine klare Trennung der Aufgaben hilft dabei, diese Daten zu schützen und deren Sicherheit und Privatsphäre zu gewährleisten. Durch die Umsetzung der Trennung der Aufgaben können Organisationen das Vertrauen der Interessengruppen stärken und ihre Verpflichtung zur verantwortungsvollen Datenverwaltung demonstrieren.

## Welche Vorteile hat eine dokumentierte Datenschutzstrategie?

### a) Als Hilfe, um Risiken einzuschätzen

Eine dokumentierte Datenschutzstrategie ist für jede Organisation, die personenbezogene Informationen verarbeitet, unerlässlich. Eine aktuelle und umfassende Richtlinie hilft, potenzielle Risiken im Zusammenhang mit der Erfassung, Speicherung und Verwendung personenbezogener Informationen zu minimieren. Durch dieses Dokument können Organisationen ihre Verpflichtung zur verantwortungsvollen Datenverwaltung demonstrieren und das Vertrauen der Interessengruppen gewinnen. Dabei ist die Risikostrukturierung nur ein Aspekt, der in Richtlinien erfasst wird (neben, wer für was zuständig ist).

### b) Als Leitfaden und Schulungsvehikel

Eine dokumentierte Datenschutzstrategie dient auch als Leitfaden für die Einhaltung geltender Datenschutzgesetze. Durch eine klare Darstellung interner Prozesse können Organisationen sicherstellen, dass sie lokale und internationale Vorschriften wie die DSGVO einhalten. Dies hilft, rechtliche Strafen oder Reputationsschäden im Falle von Nichteinhaltung zu vermeiden. Darüber hinaus dient eine dokumentierte Datenschutzstrategie als effektives Schulungsinstrument für Mitarbeitende. Sie bietet Informationen zu bewährten Verfahren im Datenschutz und fördert eine Kultur des Datenschutzes innerhalb der Organisation. Dies hilft sicherzustellen, dass Mitarbeitende ihre Verantwortlichkeiten verstehen und ihnen das Wissen vermittelt wird, um personenbezogene Informationen verantwortungsvoll und sicher zu behandeln.

### c) Als Übersicht über die Datenverwaltung

Insgesamt ist eine dokumentierte Datenschutzstrategie für jede Organisation, die sensible Informationen verarbeitet, unerlässlich. Sie hilft, Risiken im Zusammenhang mit der Datenerfassung zu minimieren, ermöglicht die Einhaltung geltender Datenschutzgesetze und dient als effektives Schulungsinstrument für Mitarbeitende. Durch eine umfassende Richtlinie können Organisationen ihre Verpflichtung zur verantwortungsvollen Datenverwaltung demonstrieren und die Sicherheit personenbezogener Informationen gewährleisten.

Das war jetzt eher etwas theoretisch, aber losgelöst von der Situation der Trennung zwischen der Kontrolle in einem Unternehmen und dem Business, stellt sich natürlich immer die Frage, wo welches Wissen im Unternehmen verankert ist. Wenn Du, Karla, zum Beispiel Online-Kampagnen fährst, um mehr Kund:innen zu gewinnen, dann kann eine externe Person diese Verarbeitungstätigkeiten nie so gut erfassen, wie eine Arbeitskraft aus dem Marketing. Im Ausland sind die Kolleg:innen natürlich auch viel näher an allen neuen Gesetzesvorhaben dran als von hier aus. Will sagen, die Umsetzung des globalen Datenschutzmanagements kann nur in einem internationalen Roll-Out funktionieren, wenn die gesetzlichen und kulturellen Besonderheiten in dem jeweiligen Land berücksichtigt werden.

### II. Privacy by Design und Privacy by Default

Ich will dir eigentlich nur erklären, Karla, dass der Datenschutz immer besser wird, je näher er an den Mitarbeitenden, Produkten und Services dran ist, die du in deinem Unternehmen hast. Im Idealfall realisierst du das dann über das sogenannte Privacy by Design und Privacy by Default. Das Thema bei dir zu verankern ist der Start, und mit dir eine Strategie zu entwickeln, die ich dann für dich umsetze unerlässlich, dann müssen es aber Deine Mitarbeiter umsetzen können. Dafür müssen wir unser gemeinsames Wissen an den passenden Stellen im Unternehmen verankern und dort immer wieder nachjustieren."

## Leitsatz 20

**Segregation of Duties**

**Segregation of Duties** ist eine neue Vorgehensweise, die aus dem Finanzbereich kommt und regulatorische Funktionen aus der **sogenannten Second Line teilweise in die First Line zieht (ins Kerngeschäft)**. Hierdurch soll nicht nur von außen geschaut werden, ob alles in der Firma eingehalten wurde, sondern die Kontrolle bereits im **Daily Business** integriert sein.

Falllösung: „Liebe Karla, du siehst, nicht ganz einfach, aber es ist sinnvoll, die Themen viel enger zu verzahnen und miteinander zu verheiraten, damit du schon beim Erstellen von Produkten und Services alles berücksichtigst und nicht nachher die regulatorischen Themen nachjustieren musst."

 **Fall 18**

„Gut, Peter, das klingt doch einmal sinnvoll, dass man den Datenschutz über Privacy by Design direkt schon ins Produkt holt und nicht immer nur danach schaut, was alles beachtet werden muss. Du sagst ja immer, dass man möglichst vorausschauend rechtliche Aspekte berücksichtigen soll, um nachher nicht immer nur die Scherben einzusammeln. Aber wenn wir schon einmal beim Thema sind: Was ist denn mit den ganzen anderen Themen, von denen du immer sprichst. Kann man die vielleicht mit dem Datenschutz verbinden?"

„Klar ist, Karla, dass man natürlich versuchen muss zu identifizieren, welches Wissen man zu welchen Projektabschnitten benötigt und dieses dann entsprechend mit einsteuert. Das klappt dann viel besser, wenn diese „anderen" Fachbereiche regelmäßig zusammenarbeiten oder noch besser eine gemeinsame Strategie verfolgen oder gar an einem einheitlichen Managementsystem dranhängen."

## Lektion 14: Interdisziplinarität

„Die Frage gefällt mir natürlich sehr gut, Karla. Ich bin ein sehr großer Befürworter von vernetzten Abteilungen und vernetzten Prozessen. In den letzten Jahren gab es immer wieder dieselben Fragestellungen, aber immer mit einer leicht abgewinkelten Blickrichtung aus einer anderen Fachabteilung. Aus dem Qualitätsmanagement sind Prozesslandschaften bekannt, das Business Continuity Management macht sich Gedanken, was zu tun ist, wenn etwas einmal schiefläuft, und die Informationssicherheit beschäftigt sich mit allem rund um Sicherheit bei der Nutzung von Daten und Technik (IT-Sicherheit, Cybersicherheit und Informationssicherheit). Ganz zu schweigen von Compliance- und Rechtsabteilungen. Aus meiner Sicht ist es sehr sinnvoll, diese Themen miteinander zu verknüpfen, insbesondere dort, wo ebenfalls in Strukturen von Managementsystemen gearbeitet wird. Oben hatte ich dir ja schon eine Struktur eines Compliance Management Systems gezeigt. Als allererstes bietet sich natürlich das Thema IT-Sicherheit, Cybersicherheit und Informationssicherheit an, da der Datenschutz auch einen technischen Teil hat, der sich nicht nur in den TOMs bei den Auftragsverarbeitungsverträgen findet. Schau dir am besten einmal die Übersicht über ein Informationssicherheitsmanagementsystem an:

## Übersicht 32: Aufbau eines ISMS

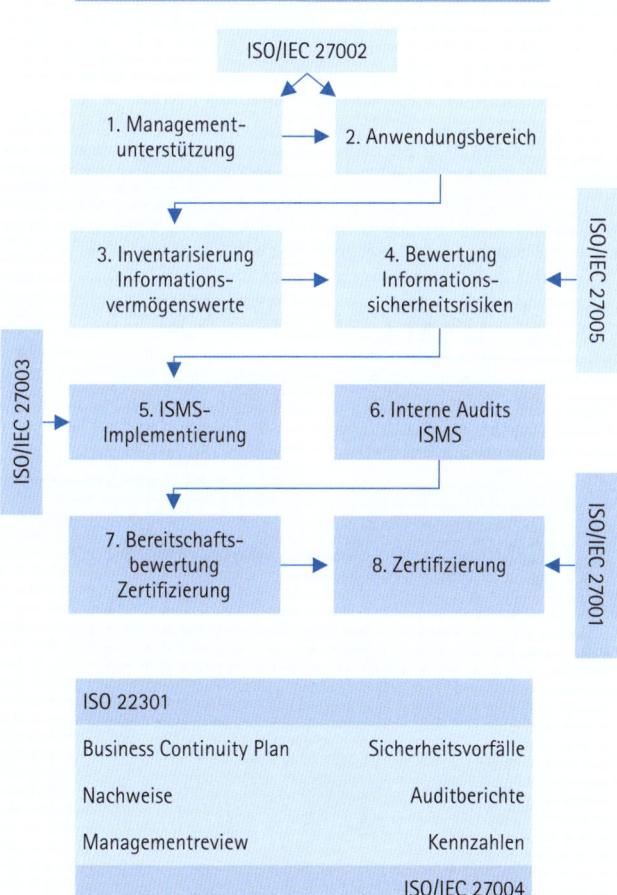

Hier erkennt man dann sehr deutlich die Überschneidungen.

## I. Potentiale durch Überschneidungen

Aber nicht nur in diesem Bereich gibt es großes synergistisches Potential. Auch bei den Compliance- und Rechtsthemen benötigt man in größeren Organisationen oft in den Fachabteilungen und oder im Ausland Ansprechpartner:innen, die besser geschult sind, als andere. Und jetzt einmal die Hand aufs Herz, über alles, was wir heute schon gesprochen haben, handelt es sich dem Ursprung nach um Gesetze und Verordnungen. Diese haben aus meiner Sicht ähnliche Anforderungen bzw. der Umgang mit ihnen. Die jeweilige Arbeitskraft muss sich mit regulatorischen Themen identifizieren können. Also ist die Art der Sprache eine Gemeinsamkeit. Man wird also nach ähnlichen Personen schauen, wenn man für diese regulatorischen Themen nach Ansprechpartner im Unternehmen Ausschau hält. Dabei sind diese Champions, Representatives, Koordinatoren oder Experts oft nicht leicht zu finden. Nicht zu schweigen von z.B. Contract-Managementtools, bei denen das Bindeglied zwischen einem Vertrag mit einem Dienstleister und dem hierbei u.U. abzuschließenden Auftragsverarbeitungsvertrag auf der Hand liegt. Doppelte Haltung von Dokumenten sollte auch digital vermieden werden. Sonst kann man den Zugang zu solchen Dokumenten nicht managen.

## II. Vorteile durch ein gemeinsames Managementsystem

### Fall 19
Du, Karla, willst ja sicher auch nicht, dass jeder deine strategischen Dokumente einsehen kann, oder?"

## Leitsatz 21

**Datenschutzmanagementsysteme**

**Datenschutzmanagementsysteme** müssen **keine Stand-alone-Lösungen** sein. Sehr gut lassen sich Systeme verbinden. Es bietet sich an, das **Compliance Management System** als übergeordnete Struktur und das **Informationsmanagementsystem** als danebengestellte Funktion einzusetzen. In der Regel lassen sich hierdurch Überschneidungen besser abgrenzen und eine Dopplung von Prozessen kann vermieden werden. Auch ist das Training von speziellen Ansprechpartner:innen in den Fachabteilungen und im Ausland besser zu koordinieren, wenn sich mehrere regulatorische Themen auf einer Ansprechperson vereinigen (hierdurch ist z.B. dann auch ein digitales Dokumentenmanagementtool als Basis schneller erfasst und besser gepflegt). Bei dem Thema **Produktcompliance** kommt wieder der Aspekt des **Privacy by Design** zum Tragen.

Falllösung: „Es lassen sich Synergien dadurch generieren, liebe Karla, dass du dir im Vorfeld der Einführung überlegst, wo du mit den artverwandten, regulatorischen Themen hinmöchtest und diese dann verbindest. Ein Bindeglied können dann z.B. Meldeprozesse aus den Fachabteilungen sein. Das Thema Compliance kann wie ein Haus für mehrere Wände dienen. Hierdurch wird einfach aus dem Handbuch ein kombiniertes Compliancehandbuch, dass dann durch die Richtlinien angereichert wird, der Themen, die ich in diesem Haus unterbringen will."

„Ok, Peter, hier mal wieder deine Bilder und Metaphern. Du meinst dann wohl mit den Wänden die Themen Datenschutz und IT-Security. Bitte korrigiere mich jetzt nicht wieder, ich meine natürlich die Informationssicherheit."

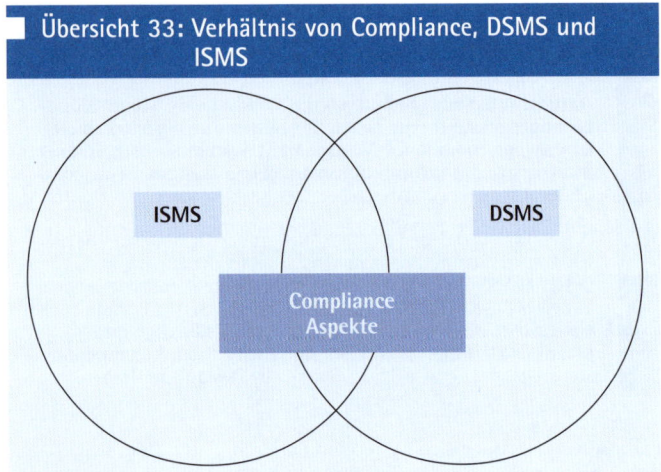

**Übersicht 33: Verhältnis von Compliance, DSMS und ISMS**

### Fall 20

„Die Situation stellt sich so dar, Karla, dass du, gerade weil es notwendig ist, diverse Strukturen bei dir zu schaffen, diese in Prozessen darstellen solltest. Nach allem, was wir über die rechtlichen Voraussetzungen gelernt haben, kannst du dir schon vorstellen, was wohl die relevanten Prozesse wären. Hast du schon eine Idee, wie diese aussehen könnten?"

## III. Prozesse

### a) Darstellung aller notwendigen Prozesse

Häufig wollen Unternehmen direkt mit der Digitalisierung oder KI/AI anfangen, bevor Sie angefangen haben, über ihre Prozesse nachzudenken und diese zu automatisieren. Also einmal wieder mit Schritt 3 anfangen und sich dann wundern, wenn das nicht funktioniert.

„Nur wenn du weißt, was du wie machst, kannst du dieses Tun in Prozesse strukturieren, diese dann u.U. professionalisieren und ggf. automatisieren. So, das wird jetzt eine ganze Menge: Wir müssen dir von Grund auf eine Struktur schaffen, die es dir ermöglicht, dass Thema Datenschutz an eine dritte Person zu übergeben. Diese hat nach Durchsicht deiner Prozesse eine grobe Ahnung, wie alles funktioniert und kann alles aktuell halten. Dabei sollten die Prozesse tatsächlich von der IST-Situation ausgehen und eine SOLL-Situation unter Berücksichtigung des Managementsystems berücksichtigen. Es macht also keinen Sinn, die Prozesse einfach aus einem Formularbuch oder Lehrbuch abzuschreiben. Diese passen dann nicht zu deinem Start-Up. Du solltest tatsächlich darauf achten, dass die Prozesse so genau wie möglich, dass aktuelle Doing abbilden. Es gibt auch keine zwingenden Formvorlagen. Die Prozesse werden idealerweise so gestaltet und visualisiert, wie es Deine Mitarbeitenden und du am besten verstehen. Es bringt ja nichts, wenn nur ich die Prozesse verstehe. Das Rad muss aber auch nicht gänzlich neu erfunden werden. Natürlich können und sollten Vorlagen verwendet werden. Ob aus Lehr- und Fachbüchern oder ob man sich von einer KI helfen lässt, ist letztlich egal. Derjenige, der alles erstellt, muss sich genau mit dem Thema auskennen.

### b) Zertifizierungen und eine Prozessorientierung

Bei den ganzen DIN ISO-Zertifizierungen werden die Dokumente oft nur für den Auditor für die Zertifizierung oder Re-Zertifizierung erstellt und dann nach erfolgreichem Audit in die Schublade gesteckt. Das ist aber nicht sinnvoll. Dann hat man zwar etwas auf der Papierebene getan, wirklich verbessert hat sich die Situation aber meistens nicht und die Mitarbeitenden wissen trotzdem nicht, was bei einer Datenpanne oder Phishing zu tun ist."

## Leitsatz 22

**Prozessorientierung**

Prozesse sollten immer möglichst exakt auf das Unternehmen und die aktuelle Situation angepasst werden. Dabei ist es **nicht entscheidend, welches Tool** (z.B. Visio) verwendet wird. Viel wichtiger ist, dass die User:innen damit nachher etwas anfangen können und verstehen, was in den konkreten Situationen zu tun ist (z. B. bei einer Betroffenenanfrage nach **Artikel 15** der DSGVO).

Falllösung: „Prozesse können wir bei dir, Karla, auch mit Piktogrammen erstellen und möglichst wenig Text verwenden. Das wird mir bestimmt schwerfallen, aber ich werde mich redlich bemühen."

## Übersicht 34: Beantwortung eines Auskunftsverlangens Artikel 15 der DSGVO

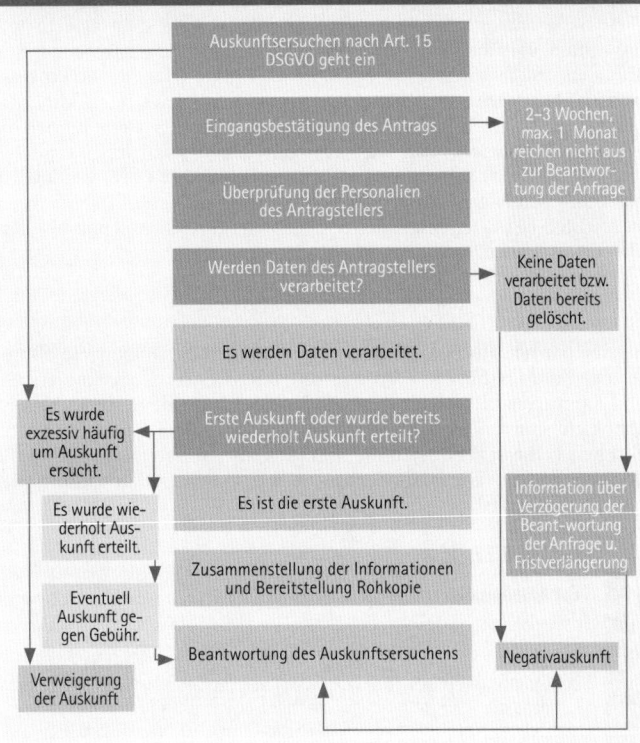

c) Exemplarisch der Prozess der Pannenmeldung

### ■ Fall 21

„Gerade beim Prozess rund um die Meldung und Abarbeitung von Pannen musst du besonders aufpassen, dass du dich an die Beachtung der Fristen und auch an die Meldung an die möglichen Betroffenen hältst. Das kann man hervorragend mit dem sogenannten Business Continuity Management (BCM) verbinden. Hast du schon einmal von BCM gehört, Karla, und kannst du dir vorstellen, wie sich die Themen verbinden lassen?"

## IV. Interaktion mit anderen Disziplinen (z.B. Business Continuity Management oder Hinweisgebersysteme)

„Das Business Continuity Management (BCM) dreht sich darum, sicherzustellen, dass Organisationen bereit sind, sich von unerwarteten Störungen oder Katastrophen zu erholen. Es ist wie ein Spielplan für den Fall, dass etwas schiefläuft. BCM umfasst die Entwicklung von Strategien und Verfahren, um die Organisation auch in schwierigen Zeiten am Laufen zu halten und damit verbundene Risiken zu minimieren. Man kann es sich vorstellen, als sei man auf alles vorbereitet, von Naturkatastrophen bis hin zu Cyberangriffen.

### a) Kritische Prozesse im BCM (Impact Analyse)

Um den Ball ins Rollen zu bringen, beginnen Unternehmen in der Regel mit einer Business Impact Analyse (BIA). Dies hilft ihnen herauszufinden, mit welchen Bedrohungen sie konfrontiert sein könnten und wie sich diese Bedrohungen auf ihren Betrieb auswirken könnten. Dadurch können sie die kritischen Prozesse, Systeme und Daten identifizieren, die zusätzlichen Schutz benötigen. Von dort aus können sie Pläne und Verfahren erstellen, um auf diese Bedrohungen zu reagieren. Dies könnte Dinge wie das Sichern von Daten oder das Vorhandensein alternativer Kommunikationswege beinhalten. Ein weiterer wichtiger Teil des BCM ist das Vorhandensein eines Business Continuity Plans (BCP). Dies ist wie ein Leitfaden für den Fall, dass etwas schief geht. Er enthält Schritte zur Wiederherstellung des Betriebs, wie die Wiederherstellung von Diensten, die Suche nach alternativen Ressourcen und die Information der Stakeholder. Der BCP wird regelmäßig getestet und überprüft, um sicherzustellen, dass er auf dem neuesten Stand ist und einsatzbereit ist, wenn etwas passiert.

## b) Informationssicherheit als Schwachstelle

Also, kurz gesagt, geht es beim Business Continuity Management darum, vorbereitet zu sein. Es geht darum, Risiken zu identifizieren, Pläne zum Schutz des Betriebs zu erstellen und einen Leitfaden zu haben, dem man folgen kann, wenn es schwierig wird. Durch all dies können Organisationen sicherstellen, dass sie für das Unerwartete bereit sind und den Betrieb reibungslos aufrechterhalten können. Bei den Themen Cyber-Security und Datenschutz vermischen sich die Themen dann. Was passiert, wenn Dritte auf ein System kommen, Karla?"

„Sag es mir, Peter."

„Sie legen es unter Umständen lahm und erpressen dich oder erbeuten z.B. personenbezogene Daten (beispielsweise die Kreditkartendaten deiner Kund:innen) und erpressen dich dann mit der Androhung, diese offen zu legen. Es geht also darum zu überlegen, was passieren kann und was dabei dein Geschäft besonders hart treffen würde. Wenn du zum Beispiel deine Kundendatenbank verlieren würdest, was würdest du machen?"

## Leitsatz 23

### Informationssicherheit

Im Bereich Datenschutz kann in Verbindung mit den Themen **Informationssicherheit** oft ein erhebliches Risiko bestehen, dass bei **Gefährdungslagen das operative Geschäft nicht mehr betrieben werden kann**. Es muss also gewährleistet sein, dass die technische Sicherheit sehr hoch ist und alle Beteiligten (und auf **Daten Zugangsberechtigten**), wissen, was im Ernstfall zu tun ist.

Falllösung: „Also Peter, wenn ich dich richtig verstanden habe, geht es beim sogenannten BCM darum sicherzustellen, dass auch in Krisensituationen das Geschäft weiterbetrieben werden kann. Deine Beispiele waren jetzt wahrscheinlich wegen meines Start-Ups alle digital, aber ich denke, es geht auch darum genug Strom zu haben oder durch eine Pandemie nicht kalt erwischt zu werden. Also klassische Gedankenspiele: Was wäre, wenn? Da muss ich mir mal Gedanken zu machen, ob wir nicht für unsere Kund:innen etwas digital bauen können, z.B. Apps, die einem sagen, was man in welcher Situation tun sollte."

## Übersicht 35: Der BCM-Kreislauf

### Fall 22

„Nun gut, Peter, ich muss also die ganzen Prozesse rund um z.B. die Betroffenenrechte, das Verfahrensverzeichnis, das Vendor-Management und die Koordinatoren definieren und am besten visualisieren. Aber damit ist das Ganze doch viel zu abstrakt. Damit fängt doch keiner von meinen Mitarbeitenden etwas an. Wie breche ich das dann so herunter, dass es auch alle verstehen?"

## V. Handlungsanweisungen

„Stimmt natürlich, Karla, die Prozesse sind nur die halbe Miete und oft immer noch zu abstrakt. Die nächste Ebene eines Managementsystems sind dann die Handlungsanweisungen. Hier wird ganz konkret geschaut, was in den Prozessen drinsteht und wie das abgearbeitet werden muss. Ein super Beispiel ist wieder einmal die Betroffenenauskunft nach Artikel 15 der DSGVO. Im Prozess steht drin, was wer wann zu tun hat, aber die Vorlage für eine Auskunft ist dort nicht abgebildet. Es sollte also noch ein Set an Standardauskünften erstellt werden, die dann für den Einzelfall angepasst werden können. Wenn ein Unternehmen viele Anfragen hat, muss man z.B. überlegen, wie die Personenverifikation durchgeführt wird und die Übermittlung der Daten erfolgen kann. Das alles spielt sich dann im Doing ab und sollte ebenfalls so stark wie möglich standardisiert werden. Besonders wichtig kann dies im Ausland werden, wenn nicht wirklich sicher ist, dass die Ansprechpartner:innen alle hinreichend geschult sind. Schnell ist mal in einer individuellen Auskunft per E-Mail ein Fehler drin oder der Empfängerkreis der Falsche. Dann wird aus einer Anfrage auch noch eine Panne und das sollte nicht passieren."

## Leitsatz 24

**Handlungsanweisungen**

„Handlungsanweisungen sind die **konkreten Arbeitsmaterialien wie Vorlagen, Textbausteine, technische Hilfsmittel und Arbeitshinweise** (z.B. in Übersichten wie Confluence). Die von mir gerne benutzte SHIT-Methode ist ein guter Weg, die Handlungsanweisungen zu verankern und meistens lockert der Name die Sache schon etwas auf."

Falllösung: „Nach dem wir all Deine Prozesse in Bildern verpackt haben, sollten wir bei den Handlungsanweisungen auch so arbeiten, Karla. Bei den Textbausteinen würde ich dir aber davon abraten. Hier haben sich Marktstandards herausgearbeitet und wir wollen ja vermeiden, dass die Themen wie ein Boomerang zurückkommen. Ich hatte z.B. einmal einen Kunden, der hat in seiner Datenschutzerklärung erklärt, dass er personenbezogene Daten anonymisiert verwendet. Das hat viele neugierige Fragen nach sich gezogen. Eine der unangenehmsten war dann, wie denn technisch die Anonymisierung abläuft. Immer wenn ich von Kund:innen höre, dass sie anonymisieren und ich dann genauer hinschaue, stelle ich fast immer fest, dass eben doch nur pseudonymisiert wurde und das reicht halt nicht, um aus dem Datenschutz herauszukommen. Auch stellt sich dann die technische Frage der Rechtsgrundlage für die Verarbeitung vom Personenbezug hin zum anonymisierten Datum."

Ein von mir entwickeltes Modell ist auf Englisch immer wieder der Hit und ein Lacher. Aus Sensibilisierung, Hilfe, IT-Vernetzung und Übergang wird dann Sensitize, Help, IT und Transfer. Ich mache in Präsentationen dann natürlich die ersten Lettern fett und betone, dass man den SHIT braucht, damit alles gut funktioniert.

### Übersicht 36: Implementierung der DSGVO

**Sensibilisierung**
Sensibilisierung ist ein wesentlicher Bestandteil des Datenschutzes. Schulungen und Informationen über mögliche Bußgelder sind unerlässlich.

**Hilfe**
Beratung zur täglichen Arbeit und zum operative Geschäft im Datenschutz durch das Datenschutzteam und externe Mitarbeiter.

**IT-Vernetzung**
Eine Verzahnung mit IT und IT-Sicherheit ist unverzichtbar. Privacy by Design und Privacy by Default sind zu beachten.

**Übergang**
Der Übergang erfolgt durch die Implementierung des DSMS und den Aufbau eines Netzwerks im Datenschutz.

# Lektion 15: Sensibilisierung ist das Herz aller Systeme

Aber Spaß beiseite, die Sensibilisierung der Mitarbeiter ist ein ganz zentraler Punkt. Man sollte alle aktuellen Themen aufgreifen und Veranstaltungen oder zumindest Posts auf der Intranetseite machen. Da darf der EU-Datenschutztag jeweils am 28. Januar natürlich nicht ungenutzt bleiben.

### Fall 23

„Karla, du wirst, wie schon erwähnt, nicht drumherum kommen, einzelne deiner Mitarbeitenden besonders auf das Thema Datenschutz zu trainieren. Ach ja, du solltest natürlich alle Mitarbeitenden schulen, aber eben ein paar etwas tiefer und auch schon einmal im Hinterkopf behalten, dass du u.U. Tools einführen musst. Auch im Datenschutz selbst, kommt man um die Digitalisierung nicht herum. Kannst du dir vorstellen, wie wohl die Rolle eines Koordinators aussieht und wo du überall einen suchen bzw. ernennen solltest?"

## I. Koordinatoren (In- und Ausland, Fachabteilungen und Landeskoordinatoren)

„Datenschutz ist für Organisationen weltweit zu einer immer wichtigeren Überlegung geworden. Mit der Umsetzung der Datenschutz-Grundverordnung (DSGVO) der Europäischen Union und des California Consumer Privacy Act (CCPA) gelten strenge Vorschriften zum Schutz von Verbraucherdaten. Unternehmen, die sich an diese Vorschriften halten, schaffen nicht nur Vertrauen bei ihren Kund:innen, sondern vermeiden auch mögliche Geldstrafen und Sanktionen.

## II. Train the Trainer-Prinzip und globales Knowhow

Die Integration des Datenschutzes in Organisationen erfordert einen umfassenden Ansatz, der die gesamte Wertschöpfungskette einschließt. Unternehmen müssen sichere Verfahren zur Erfassung, Speicherung und Nutzung von Kundendaten etablieren. Ebenso wichtig ist es sicherzustellen, dass Mitarbeitende geschult sind, um verantwortungsvoll mit Kundendaten umzugehen, während sie aktuelle Sicherheitsmaßnahmen aufrechterhalten, um Verstößen und Missbrauch vorzubeugen. Transparenz ist der Schlüssel. Organisationen sollten eine leicht zugängliche Datenschutzrichtlinie haben, die klar darlegt, wie Kundendaten erfasst, gespeichert und verwendet werden. Dadurch können Kunden:innen informierte Entscheidungen über die Weitergabe ihrer persönlichen Informationen treffen. Die Bereitstellung von Optionen für Kunden:innen, bestimmte Datenverarbeitungsaktivitäten abzulehnen oder sogar ihre Daten auf Anfrage zu löschen, verbessert ihre Kontrolle über ihre eigenen Informationen weiter. Um weltweiten Datenschutzbestimmungen zu entsprechen, müssen Organisationen die Sicherheit und Einhaltung ihrer technischen Infrastruktur priorisieren. Dies umfasst Softwareplattformen, Cloud-Services und andere Systeme, die Kundendaten (aber natürlich auch von allen anderen personenbezogenen Daten) verarbeiten. Dazu braucht es Ansprechpartner, die mit diesen Diensten arbeiten und sie verstehen.

## III. Regelmäßige Kontrollen/Audits

Regelmäßige Audits stellen sicher, dass alle geltenden Anforderungen kontinuierlich erfüllt werden. Die Investition in geeignete Tools und Lösungen ist entscheidend für ein sicheres Datenmanagement. Identitätsmanagement, Benutzerauthentifizierung und Verschlüsselungstechnologien tragen alle dazu bei, Kundendaten zu schützen. Datenschutz-Folgenabschätzungen können Organisationen dabei helfen, Risiken im Zusammenhang mit der Datenerfassung und -nutzung zu identifizieren.

Durch die Befolgung dieser Schritte können Organisationen nicht nur den globalen Datenschutzbestimmungen entsprechen, sondern auch eine starke digitale Marke und Reputation aufbauen. Dadurch werden neue Kund:innen gewonnen und langfristiges Geschäftswachstum gefördert. Es ist wichtig, mit den sich entwickelnden globalen Datenschutzbestimmungen auf dem neuesten Stand zu bleiben. Gesetze werden kontinuierlich aktualisiert, um auf neue Bedrohungen zu reagieren, daher müssen Unternehmen wachsam bleiben und ihr Datenschutzmanagement entsprechend anpassen. Die Einholung rechtlicher Beratung kann zusätzliche Anleitung zu Compliance-Maßnahmen für spezifische Bestimmungen bieten.

## IV. Den Datenschutz positiv besetzen

Die regelmäßige Überprüfung und Löschung veralteter Kundendaten ist eine effektive Praxis, die die unnötige Datenlagerung reduziert und gleichzeitig die Einhaltung der Datenschutzgesetze gewährleistet. Die Implementierung automatisierter Systeme zur Verwaltung von Aufbewahrungsfristen kann den Prozess weiter optimieren. Die Integration des Datenschutzes in Organisationen erfordert einen ganzheitlichen Ansatz, der alle Aspekte der Wertschöpfungskette berücksichtigt. Durch die Festlegung von Richtlinien und Verfahren, die Investition in technologische Tools, das Verfolgen globaler Vorschriften und die regelmäßige Überprüfung von Kundendaten können Organisationen Kundendaten schützen und Datenschutzbestimmungen einhalten. Dies fördert letztendlich Vertrauen, Loyalität und bessere Geschäftsergebnisse. Also können auch positive Trigger vom gelebten Datenschutz ausgehen.

Vieles von all dem habe ich dir schon erklärt. Warum wiederhole ich es hier nochmals, wo es doch eigentlich um die Koordinatoren geht, die du noch ernennen solltest? Um all die Aspekte zu berücksichtigen, die ich hier erklärt habe, musst du Augen und Ohren in den Fachabteilungen und im Ausland haben. Das gilt nicht nur für den Datenschutz, sondern auch für die anderen regulatorischen Themen. Wenn du also eine Auskunftsanfrage nach Artikel 15 der DSGVO auf dem Tisch liegen hast und der Anfragende ein ehemaliger Mitarbeiter ist, der auch einige Jahre im Ausland für dich gearbeitet hat, musst du eine Ansprechperson dort im Ausland finden, die dir hilft. Wenn du erst auf die Suche gehst, wenn das Kind in den Brunnen gefallen ist, wirst du dich sehr schwertun, auf eine Person zu treffen, die schnell versteht, was du brauchst und du musst dann u.U. erst einmal Aufklärungsarbeit leisten, was personenbezogene Daten sind. Um das zu verhindern, solltest du Ansprechpersonen benennen, die intensiver geschult werden als der Rest der Mannschaft."

# Leitsatz 25

**Koordinatoren für den Datenschutz**

Sogenannte **Koordinatoren oder Champions** für den Datenschutz oder allgemein regulatorische Themen sollten in einer **Art Community miteinander kommunizieren können**. Es sollte ein kontinuierlicher Austausch mit den Kolleg:innen stattfinden. Dann sind diese in der Lage, z.B. **notwendige landesspezifische oder fachspezifische Informationen beizusteuern**. Aber auch das Füttern von Tools und Systemen wird so leichter. Wenn es keine einheitliche Unternehmenssprache gibt (oft Englisch), muss darauf geachtet werden, dass alle Informationen auch in der **jeweiligen Landessprache** zur Verfügung stehen. Bei Schulungen macht es ebenfalls Sinn, diese in unterschiedlichen Sprachen anzubieten. Gerade bei regulatorischen Themen ist eine **Sprachbarriere** oft schnell vorhanden.

Falllösung: „Neben dem oder den Datenschutzbeauftragten solltest Du, Karla, in den wichtigsten Fachabteilungen und im Ausland Ansprechpersonen für den Datenschutz benennen. Diese können dann intensiver geschult werden und nach dem Train-the-Trainer-Prinzip die Themen weiter in die Organisation tragen. Du schaffst dir also für die Einhaltung von regulatorischen Themen Multiplikatoren."

## Übersicht 37: Internationale Koordination des Datenschutzes in einem Unternehmen

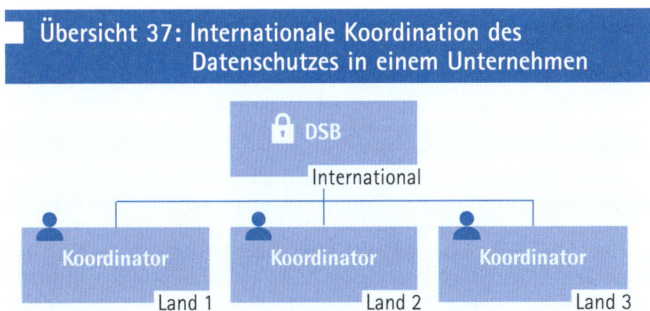

## V. Wer passt für welche Rolle am besten?

Rollenbeschreibung hängen natürlich stark davon ab, welche Aufgaben diese Ansprechpartner haben. Es sollte auf jeden Fall auch genug Zeit hierfür eingeplant werden. Den zehnten Hut sollte man niemandem aufsetzen, der bisher schon nicht die acht davor bearbeitet, weil er zu 100% mit seinem ersten Hut ausgelastet ist. Landeskoordinator sind wichtig und sollten von Koordinatoren für wichtige Abteilungen (Legal, Compliance, Revision, HR, Marketing/Vertrieb, CISO, IT u.U. M&A) unterstützt werden. Im Headquarter sind erfahrungsgemäß mehr Koordinatoren zu ernennen.

### ■ Fall 24

„Vorhin hast du, Peter, schon kurz erwähnt, dass du mir empfehlen würdest, einige Aufgaben im Datenschutz zu digitalisieren. Gibt es da ein einzelnes Tool, was du im Kopf hast, oder brauche ich gar verschiedene Tools und Programme, um dem ganzen Thema Herr zu werden?"

## VI. Welche Tools passen gut und was sollte man vermeiden?

„Ich will natürlich jetzt keine Schleichwerbung machen, wir sind ja nicht in einem James Bond Film. Aber es gibt mittlerweile im Markt drei unterschiedliche Strömungen, wie Firmen mit dem Thema Tools bzw. Digitalisierung von regulatorischen Themen umgehen.

### a) Datenschutzspezifische Toolanbieter

Es gibt spezielle Toolanbieter, die sich auf den Datenschutz spezialisiert haben und von kleinen Lösungen bis komplexen Plattformlösungen alles anbieten. Dabei ist der Kern immer die Digitalisierung des Verfahrensverzeichnisses und eine Art Vendoren-Management, bei dem die Auftragsverarbeitungsverträge bzw. C-C oder JC-Situation abgebildet werden können. Aus meiner Erfahrung bei Audits kann ich sagen, dass dies auch immer die ersten Fragen bei einem Audit durch die Aufsichtsbehörde sind. Übersichten über Verarbeitungstätigkeiten und Auftragsverarbeitungsverträge waren früher oft ein erster Ansatz. Heute kommen i.d.R. noch Fragen zu Lösch- und Berechtigungskonzepten oder internationalen Datenflüssen (innerhalb und außerhalb des Unternehmens) dazu. Der absolute Renner der letzten Jahre bei sehr großen Unternehmen war und ist natürlich der grenzüberschreitende Datenfluss.

**b) Querschnittsapplikationen aus anderen Tools**

Ein weiterer Ansatz sind Tools, die das Thema Datenschutz mit anderen Governancethemen kombinieren. Das Schlagwort heißt hier Governance Risk und Compliance (GRC). Diese Art von Tools sind oft Richtlinien und prozessorientiert und eignen sich sehr gut, um das Thema Managementsystem digital abzubilden.

**c) Digitale Dokumentenmanagement- oder Tickettools**

Die 3. Möglichkeit sind sogenannte digitale Dokumentenmanagementtools bzw. Case/Tickettools. Bei dieser 3. Gruppe kann Case bei Case alles erfasst werden. Da es auch im Bereich Datenschutz viel um Verträge geht (wie bei den Vertragsanhängen mit Dritten oder international den oben erklärten Standard Contractual Clauses), ist ein Vertragsmanagementsystem oder ein Dokumentenmanagementsystem aus meiner Sicht, Karla, unvermeidbar. Wie willst du alles im Überblick behalten, wenn du nicht einmal weißt, wann ein Vertrag ausläuft, und die händische Kontrolle halte ich hierbei für zu fehleranfällig. Und dann wären da noch die ganzen regulatorischen Anlagen (AVV, Risk- und Compliancechecks)."

# Leitsatz 26

**Digitales Dokumentenmanagement**

„In einer immer schneller **digitalisierten Welt**, die du, Karla, mit anschiebst, ist es aus meiner Sicht **nicht wirklich möglich**, alle Verarbeitungstätigkeiten von personenbezogenen Daten **analog aktuell zu halten**. Gerade in einem Start-Up werden oft viele unterschiedliche Tools zur Kommunikation aber auch zum Auswerten von Userverhalten genutzt. Umso wichtiger ist es, z.B. in den Prozess **„Tooleinführung"** die Abzweigung ins **Verfahrensverzeichnis mit einzubauen** bzw. den generellen Check von regulatorischen Themen, die betroffen sein könnten."

Falllösung: „Die Auswahl des passenden Tools für die aktuellen Bedürfnisse deines Unternehmens ist sehr wichtig. Ein erster guter Schritt wäre aus meiner Sicht für dich zweigeteilt: eine digitale Version des

Verfahrensverzeichnisses und darüber hinaus ein Dokumentenmanagementsystem für alle Verträge und Dokumente, die du vorhalten musst."

Bei der Einführung eines Datenschutzmanagementsystems kann ich aber empfehlen, dass man sich auf maximal ein Tool verständigt, mit dem man beginnt. Ansonsten wird aus dem Datenschutzprojekt zum Implementieren eines passenden Managementsystems schnell ein komplexes IT-Projekt. Auch sollte das Budget und die Zeitplanung (Timeline) immer im Blick behalten werden. Es lohnt sich auch oft ein Blick ins Unternehmen, was bereits im Einsatz ist (nicht selten haben bereits im Einsatz befindliche Tools Datenschutzmodule). Das von der Bundesregierung verabschiedete Gesetz über die unternehmerischen Sorgfaltspflichten zur Vermeidung von Menschenrechtsverletzungen in Lieferketten (Lieferkettensorgfaltspflichtengesetz, LkSG, Kurzform: Lieferkettengesetz) sorgt für einen erhöhten Digitalisierungsbedarf von Nachweisen. Diese Complianceaspekte können natürlich zu einem digitalen Dokumentenmanagementtool führen. Es sollte in einem solchen Fall sichergestellt werden, dass das Verfahrensverzeichnis ordentlich abgebildet werden kann.

## IV. Zukunft des Datenschutzes

**Fall 25**

„So Peter, jetzt hast du es geschafft und mein Kopf raucht so langsam vor sich hin. Kannst du mir bitte nochmals erklären, warum ich das denn alles beachten und umsetzen soll. Man bzw. auch Frau muss sich ja nicht an jeden Schwachsinn halten. Ich will mich schließlich aufs Core-Business konzentrieren. Hafte ich und/oder die Firma denn und was könnte da auf mich zukommen, wenn ich nichts machen würde?"

# Lektion 16: Was passiert, wenn ich mich nicht an den Datenschutz halte?

„Gemäß der DSGVO können Organisationen bei Verstößen gegen ihre Bestimmungen mit Geldstrafen belegt werden. Die Höhe der Strafe hängt von der Schwere des Verstoßes ab und kann von 10 Millionen Euro oder 2 % des weltweiten Jahresumsatzes (je nachdem, welcher Betrag höher ist) für weniger schwerwiegende Verstöße bis zu 20 Millionen Euro oder 4 % des weltweiten Jahresumsatzes (je nachdem, welcher Betrag höher ist) für schwerwiegendere Verstöße reichen. Organisationen können auch andere korrigierende Maßnahmen wie Warnungen und Verweise erhalten. Daher ist es für Organisationen wichtig sicherzustellen, dass sie die Anforderungen der DSGVO erfüllen. Dies umfasst die Erstellung einer dokumentierten Datenschutzstrategie, die interne Datenschutzrichtlinien und -verfahren umreißt. Die Strategie sollte Organisationen auch bei der Erfüllung von DSGVO-Verpflichtungen wie Anfragen von betroffenen Personen und Benachrichtigungen bei Verstößen unterstützen. Dies hilft Organisationen, Strafen zu vermeiden und ihren Ruf zu schützen. Also sind wir bei dieser Frage eigentlich wieder bei allen Themen, mit denen wir uns bisher auch beschäftigt haben.

## Lektion 17: Frühzeitig Risiken erkennen und managen

Es ist auch wichtig, dass Organisationen über eine angemessene Datenschutzinfrastruktur verfügen. Sie sollten Maßnahmen zum Schutz personenbezogener Daten vor unbefugter Verarbeitung, unbeabsichtigtem Verlust oder Zerstörung treffen. Regelmäßige Risikobewertungen und Sicherheitsmaßnahmen sind ebenfalls entscheidend. Durch frühzeitiges Erkennen potenzieller Bedrohungen können größere Probleme vermieden werden. All diese Schritte sind für die Einhaltung der DSGVO unerlässlich. Organisationen sollten auch einen Datenschutzbeauftragten (DSB) bestellen, der die Datenschutzverfahren überwacht und die Einhaltung sicherstellt. Der DSB sollte über ausreichende Kenntnisse der Datenschutzgesetze und -praktiken verfügen. Durch die Berufung eines erfahrenen DSB kann eine Organisation die Einhaltung der DSGVO sicherstellen und Geldstrafen vermeiden.

# Lektion 18: Mehrwert generieren und Vertrauen aufbauen

Zusammenfassend lässt sich sagen, dass Organisationen proaktive Maßnahmen ergreifen müssen, um die DSGVO einzuhalten. Dies bedeutet, über eine angemessene Datenschutzinfrastruktur zu verfügen, regelmäßige Risikobewertungen durchzuführen, einen Datenschutzbeauftragten zu bestellen und einen Vorfallreaktionsplan zu haben. Auch eine Cyber-Versicherung ist eine Überlegung wert. Indem Organisationen diese Maßnahmen ergreifen, können sie sicherstellen, dass ihre Systeme sicher sind, Daten geschützt sind und sie auf Vorfälle angemessen reagieren können. Man kann sagen, dass es auf der einen Seite regulatorische Auflagen gibt, die bußgeldbewehrt sind und auf der anderen Seite einen möglichen Schadensersatzanspruch eines Betroffenen. Wenn es viele Millionen Betroffene gibt, kann auch dieser Schadensersatz u.U. sehr hoch sein. Daneben gibt es den eher weichen Bereich eines Imageschadens, der immer schwer zu bestimmen ist. Wenn aber das Vertrauen des Marktes dahin ist, dass dein Start-Up verantwortungsvoll mit den Kunden- oder Mitarbeiterdaten umgeht, warum sollten diese dir ihre Daten weiterhin anvertrauen? Persönlich haftest du nur dann, wenn man dir als Geschäftsführerin ein sogenanntes Organisationsverschulden nachweisen kann. Entgegen den regulatorischen Bußen (bei der Behörde musst du beweisen, dass du alles richtig gemacht hast), ist es bei der persönlichen Haftung so, dass dir ein Verschulden nachgewiesen werden muss. Klingt erst einmal etwas entspannter aber leider passiert diese Beurteilung oft erst retrospektiv und dann ist das Thema ja schon in die Hose gegangen. Will heißen, der erste Anschein spricht ja gerade dafür, dass du dem Thema nicht genug Bedeutung zugemessen hast. Denke bitte immer auch an das Vertrauen im Markt in deine Marke, dein Unternehmen und dich. Vertrauen basiert darauf, dass sich andere darauf verlassen, dass du dich an die Spielregeln hältst. Genauso oder noch wichtiger kann das Thema aber auch sein, um neue Mitarbeiter zu gewinnen. Ob ein Unternehmen nachhaltig, aber auch vertrauensvoll mit den ihr übertragenen (personenbezogenen) Daten umgeht, kann ein maßgebliches Unterscheidungskriterium im viel zitierten War of Talents sein."

## Leitsatz 27

### Haftungsszenarien

Es gibt auch hier drei unterschiedliche Arten von Haftungsszenarien: **Zunächst haftet ein Unternehmen gegenüber der Aufsichtsbehörde**, dann gilt die Haftung des Unternehmens und ggf. auch der Geschäftsführung gegenüber betroffenen Personen und unter Umständen haftet die **Geschäftsführung** gegenüber den Betroffenen oder den Gesellschaftern des Unternehmens.

Falllösung: „Wie du siehst, Karla, macht es überhaupt keinen Sinn, das Thema komplett zu ignorieren und sich mit den Problemen erst dann zu beschäftigen, wenn diese da sind. Viel besser ist es, sich Strukturen zu überlegen, wie du das Thema im Griff behältst. Dazu gehört, dass du transparent weißt, was in deinem Unternehmen in diesem Bereich gemacht wird, eine Ahnung hast, was Drittanbieter mit den Daten machen, die du ihnen übermittelst und im idealen Fall all das auch ab und zu kontrollierst."

# Lektion 19: Noch ein kleiner Ausblick

## Das Perfekte System: Interdisziplinär integrierte und global vernetzte, toolgeführte Datenschutzmanagementsysteme

### Fall 26

„Jetzt habe ich schon etwas Sorge und deine Bußgelder und die persönliche Haftung bei mir lässt du gerne einmal stecken. Ich traue mich schon wieder nicht zu fragen, aber wie sieht denn aus deiner Sicht, Peter, das perfekte System für den Datenschutz aus?"

„Auf der ersten Ebene würde ich dir ein Compliance Management System (CMS) empfehlen, dem du einzelne Richtlinien unterordnen kannst. Eine Richtlinie könnte aus meiner Sicht den Datenschutz betreffen, eine weitere Richtlinie die Informationssicherheit und eine dritte die Produktcompliance. In der Richtlinie über den Datenschutz erfassen wir dann alles, was du in deinem Start-Up mit personenbezogenen Daten machst.

Auf der Prozessebene verzahnen wir die drei Säulen mit den allgemeinen Compliancethemen und versuchen Themen vor die Klammer zu ziehen, damit du nicht mehrere Managementsysteme nebeneinander aufbauen musst. Auf der Ebene der Handlungsanweisungen ernennen wir dann in Deinen Abteilungen Marketing, HR und IT-Ansprechpersonen. Diese ergänzen wir durch geeignete Ansprechpersonen im Ausland, wenn du expandierst. Ich unterstütze mit meinem Kollegen aus der Kanzlei als externe Rechtsabteilung und wir übernehmen auch die externen regulatorischen Funktionen (DSB, Information Security Officer (ISO) und Complianceofficer). Daneben würden wir die Ansprechpersonen (Koordinatoren im In- und Ausland) schulen und dein gesamtes System regelmäßig auditieren.

Wie ich schon oben bei den Tools erwähnt habe, würde ich dir ein digitales Dokumentenmanagementsystem empfehlen und daneben ein digitalisiertes Verfahrensverzeichnis. Je nach Anbieter können diese oder Dritte, die auf diese Tools spezialisiert sind, die Ansprechpersonen und uns schulen. Alle Vorlagen und Textbausteine erstellen wir dir natürlich auch. Das wäre aus meiner Sicht eine gute Struktur für dein Start-Up.

Eine pauschal mustergültige Lösung gibt es nicht. Wir müssen auch bei dir immer wieder hinterfragen, ob die Struktur noch zum Unternehmen passt. Wenn du sehr stark mit deinem Start-Up gewachsen bist und deinen Traum des IPOs erfüllt hast, haben wir diese Strukturen sicherlich ein paarmal angepasst. Das Geheimnis in der idealen Struktur liegt darin, nichts von der Stange zu nehmen, sondern immer an den konkreten Bedarf anzupassen. So kann die Struktur atmen und sich den veränderten Bedingungen des Marktes und Unternehmens anpassen."

> ## Leitsatz 28
>
> **Musterstruktur für regulatorische Funktionen**
>
> Eine **Musterstruktur für regulatorische Funktionen gibt es nicht**. Auch dann nicht, wenn man sich an einer ISO oder einem IDW orientiert. Vielmehr muss ganz individuell auf die Bedürfnisse des konkreten Unternehmens eingegangen werden.

Falllösung: „Wir starten erst einmal klein, Karla, und entwickeln uns dann mit deinem Start-Up auch auf den regulatorischen Themen weiter. Ein gesundes Basisprogramm brauchst du aber von Anfang an, sonst hast du das Thema nicht im Griff und haftest dann vielleicht mehr als dir lieb ist. Dann kannst du unter dem Dach des CMS Haftungsfälle vermeiden."

Übersicht 38: Vermeidung von Haftungsfällen

- DS Rollen leben und Verantwortlichkeiten wahrnehmen
- Transparente Übersicht der Risiken im Unternehmen vorhalten
- Umgang (unverzüglich und sorgfältig) mit Verletzungen
- Informationspflichten gegenüber MA/Dritten nachkommen

### Fall 27

„Das klingt gar nicht nach dir, wenn du nun von einem vernetzen System sprichst. An fancy Ideen und Innovation bin ich natürlich als Start-Up-Gründerin schon interessiert. Bei meinen Peers bieten ab und zu Legal Tech Start-Ups Produkte und Services an. Habe ich mir natürlich nicht im Detail angeschaut, weil ich immer dachte, dass betrifft mich überhaupt nicht. Hätte ich mal lieber hingeschaut, was die da alles im Angebot haben. Hast du einen Überblick Peter, was in diesem Bereich gerade passiert und spannend ist?"

„Da gab es die letzten Jahre viele Buzz-Words. Passiert ist aber nicht so viel. In den meisten Kanzleien wird immer noch häufig mit Textbausteinen gearbeitet. Aber auch nicht in Knowledge-Datenbanken. Viel häufiger werden die Verträge und Dokumente immer händisch angepasst und hoffentlich davor geprüft. Gerade bei Zulieferern bleibt einem auch nicht so viel an Alternativen, weil die Muster und Vorlagen häufig von größeren Kunden kommen. Smart Contracts wären natürlich eine schöne Sache."

## LegalTech (AI/KI): was sich ändert, oder eben auch nicht – Digitalisierung und die Kompetenz damit umzugehen

„Wir haben vorhin von den Piktogrammen bei Deinen Prozessen gesprochen, Karla. Hier kann man tatsächlich überlegen, ob man mit Legal Designer:innen zusammenarbeitet, die versuchen das Userverhalten in die Gestaltung von rechtlichen Dokumenten oder Erklärtexten mit einfließen zu lassen. KI-getriebene Textprompter sind sicherlich ein Instrument der Zukunft, aber diese sehe ich aktuell noch nicht flächendeckend.

In den letzten Jahren gab es aber schon viele Entwicklungen, die auch techorientiert das regulatorische Geschäft unglaublich vereinfacht haben. Zu nennen wären hier z.B. die Cloud, die es ermöglicht, gleichzeitig an Dokumenten an unterschiedlichen Orten zu arbeiten. In geteilten Ordnern können, selbst für kleinere Unternehmen, Vorlagen gut verwaltet werden. Die Berechtigungs- und Löschkonzepte, von denen ich vorhin sprach, sind digital hervorragend abzubilden, genauso die digitalen Approval- und Signingprozesse."

## Leitsatz 29

**Prozessorientierung in Unternehmen**

Es lässt sich festhalten, dass wir immer noch keine **flächendeckende Prozessorientierung in Unternehmen antreffen**. Ohne strukturierte Prozesse lassen sich aber Abläufe weder automatisieren, noch digitalisieren. Das bedeutet, dass wir durch Managementsysteme erst den Weg in eine digitale, regulatorische Welt ebnen. Gerade für stark digitale regulatorische Themen, wie den Datenschutz, bieten sich Lösungen an, die, durch **Privacy by Design und Default KI-gesteuert, das Thema Datenschutz schon ganz am Anfang in neuen Produkten, Services oder sonstigen Angeboten verankern** (quasi, wenn die KI die nutzende Person oder die für das Projekt verantwortliche Person bei personenbezogenen Daten darauf hinweist, dass hierbei regulatorische Aspekte zu berücksichtigen sind).

Falllösung: Die heißgeredete LegalTech-Branche steckt immer noch in den Kinderschuhen und wird erst durch das veränderte Kundenverhalten gepushed. In den nächsten Jahren werden wir sehen, wie sich der Fachkräftemangel auf die Bereitschaft auswirkt, auch in der Breite des regulatorischen Marktes LegalTech-Produkte einzusetzen.

## Übersicht 39: Was ist Legal Tech?

## Chief Data Officer und Data Governance: Daten als ganzheitliches Thema in einer ESG-Welt gedacht und gelebt

### Fall 28

„Puh, das ist nun wieder ein Markt für sich und ich hatte schon mit den letzten Kooperationen kein Glück. Bei der ‚Mein Radeln'-App gab es doch tatsächlich eine Panne und alle wollten auf einmal von mir wissen, ob sie betroffen waren. Nach deinen ganzen Erklärungen verstehe ich jetzt auch besser, warum das so war und wie mir passende Prozesse geholfen hätten. Ich bin ja, wie du weißt, natürlich Veggi und will die Umweltsünden unserer Eltern mit meinen Erträgen aus dem Start-Up in den Griff bekommen. Überall schlummern Daten. Ich habe auch mitgenommen aus unserer Diskussion, dass du nur die Daten meinst, die einen Personenbezug haben. Aber wäre es nicht viel nachhaltiger, wenn wir uns mit allen Daten beschäftigen?"

„Das sind ja viele Fragen auf einmal. Mit allen Daten beschäftigen ist ein interessanter Ansatz. Zuerst erkläre ich dir gerne den Begriff ESG (Environmental, Social, and Governance). Hierbei handelt es sich um Standards, die darauf abzielen, sicherzustellen, dass Organisationen sozial verantwortlich und umweltbewusst handeln. Es beinhaltet die Messung des Einflusses der Unternehmensaktivitäten auf die Umwelt, die Mitarbeitenden, die Kund:innen, die Gemeinschaften und andere Interessengruppen. Dadurch können Unternehmen Verbesserungsbereiche identifizieren und sicherstellen, dass sie ethischen Standards entsprechen.

ESG Compliance gilt für Organisationen aller Art, einschließlich großer und kleiner Unternehmen. Es geht über die traditionellen finanziellen Erfolgsmaßnahmen hinaus, indem es Umwelt- und Sozialfaktoren berücksichtigt. Unternehmen können ESG-Kriterien nutzen, um ihren Fortschritt bei Nachhaltigkeitszielen zu messen, Strategien zur Reduzierung ihres $CO_2$-Fußabdrucks zu entwickeln und Richtlinien zu erstellen, die für die Gesellschaft vorteilhaft sind. Warum habe ich das erklärt. Ich weiß ja, wie wichtig dir nachhaltige Themen sind und wir sollten uns auch überlegen, wie wir mit dem Datenschutz hierzu einen Beitrag leisten können.

Daneben ist das Thema auch für deine Exitstrategie relevant.

In den letzten Jahren legen immer mehr Investor:innen Wert auf Unternehmen mit starken ESG-Praktiken. Um diesen Anforderungen gerecht zu werden, sollten Organisationen bestrebt sein, ESG-konform zu sein, was bedeutet, dass sie bestimmten Standards entsprechen müssen, um als ethisch und verantwortungsbewusst angesehen zu werden. Dies könnte Maßnahmen wie die Verbesserung der Arbeitsbedingungen oder die Reduzierung ihres Umwelteinflusses umfassen. Indem Organisationen Schritte zur ESG-Konformität unternehmen, können sie das Vertrauen ihrer Interessengruppen und Investor:innen aufbauen, ihren Ruf verbessern und eine nachhaltigere Zukunft schaffen. Es ist ein wichtiger Schritt zur Schaffung einer besseren Welt für alle. Aber wenn das Thema für Deine Investor:innen sehr wichtig ist, kannst du den Datenschutz und insbesondere den Grundsatz der Datensparsamkeit auch gut platzieren.

Oft sieht man nur die Nachteile von regulatorischen Themen, aber nicht die Vorteile. Was glaubst du, Karla, wie oft ich mir in den letzten

Jahren schon den Mund fusselig geredet habe, wenn es um das Thema E-Mails löschen geht. Dabei muss jedem klar sein, mehr Daten heißt mehr Speicherplatz und auch mehr Strom, und das ist bei Dubletten und dezentralen Datenstrukturen noch nicht einmal mit irgendeinem Vorteil verbunden. Außerdem hatte ich in meiner Karriere als Anwalt häufiger Fälle, in denen Daten gegen Manager oder das Unternehmen gefunden wurden aber selten Fälle, in denen jemand nach Jahren noch nützliche Daten findet und verwenden kann, um sich z.B. gegen Vorwürfe zu verteidigen."

## Leitsatz 30

### Nachhaltigkeit

Das Thema Nachhaltigkeit und ESG fängt auch bei regulatorischen Themen direkt an. Wann immer in einem Unternehmen etwas gemacht wird, was nicht notwendig ist und hierdurch Ressourcen aufgewendet werden müssen, ist das das Gegenteil von **Nachhaltigkeit** (von den Kosten ganz zu schweigen).

Falllösung: „Ich bin davon überzeugt, Karla, dass wir mit einer guten Datenstrategie einen wertvollen Beitrag für Deine ESG-Strategy beisteuern können. Dazu gehören klare IT-Strukturen, Prozesse und Berechtigungs- und Löschkonzepte. Dein Carbonfootprint wird sich dann auf jeden Fall verbessern und dies kannst du sicherlich bei deinen Marketingkampagnen meisterlich einsetzen. Ganz nach dem Motto: ‚Tu Gutes und sprich darüber!'

## Leitsatz 31

### Komplexität des Datenschutzes

Datenschutz scheint auf den ersten Blick ein überschaubares Rechtsgebiet zu sein und von nicht wirklich großer Bedeutung für unsere Zukunft generell. Die Komplexität und Zukunftsfähigkeit des Datenschutzes steckt aber im Detail und der Rolle als gefühltem Gegenspieler für die globale Digitalisierung. Datenflüsse bestimmen mittlerweile unser Geschäfts- und Privatleben. Die Zukunftsfähigkeit liegt in der Reduktion auf das Wesentliche und in Zeiten von Big-Data ist das Löschen, um nachhaltiger zu werden, Zukunft pur.

# Sachregister

## A
Accountability-Grundsatz 34, 38
allgemeines Persönlichkeitsrecht 16
Angemessenheitsbeschluss 73 f.
anonymisierte Daten 30 f.
Arbeitnehmerdatenschutz 91
Audits 125
Aufbewahrungsfristen 61
Aufsichtsbehörden 22
Auftragsverarbeitung 65 ff.
Auftragsverarbeitungs-vereinbarung 66, 68
Auskunftsprozess 56
Australien 26
automatisierte Entscheidungsfindung einschließlich Profiling 49

## B
BCM-Kreislauf 121
Beantwortung eines Auskunftsverlangens 118
berechtigtes Interesse 44
besondere Kategorien personenbezogener Daten 46
Betroffenenrechte 48 ff.
Binding Corporate Rules 76
Brasilien 25
Bundesdatenschutzgesetz, BDSG 15, 18 ff.
Business Continuity Management (BCM) 119 ff.
Business Continuity Plan (BCP) 119
Business Impact Analyse (BIA) 119
Bußgelder 80

## C
California Consumer Privacy Act, CCPA 25
Chief Data Officer 139 ff.
China 25
Compliance 97
Compliance Management System (CMS) 96 ff.
Cyber-Versicherung 133

## D
Data Governance 139 ff.
Data Protection Impact Assessment 83
Datenleck 87
Datenminimierung 35 f.
Datenschutzaufsicht 22
Datenschutzbeauftragte (DSB) 84 ff., 102 ff.
Datenschutzerklärung 50, 53
Datenschutzfolgen-abschätzung 83 f.
Datenschutzgrund-verordnung, DSGVO 19 ff.
Datenschutzkonferenz (DSK) 83
Datenschutzmanagement-system (DSMS) 38, 93 ff., 97 ff.
Datenschutzstrategie 109 ff.
Datenschutzvorfälle 87 ff.
Datentransfer in Drittstaaten 72 ff.
Digitales Dokumentenmanagement 129

## E
Einwilligung 41 f., 46
Erfüllung eines Vertrages 43
Ermächtigungsgrundlagen 45
ESG (Environmental, Social, and Governance) 139 ff.
externer Datenschutz-beauftragter (DSB) 85

## F
Freiwilligkeit 43

## G

| | |
|---|---|
| Geldstrafen | 80, 131 |
| gemeinsames Managementsystem | 112 ff. |
| Geschichte des Datenschutzes | 15 ff. |
| Grundsätze der Datenverarbeitung | 33 ff. |
| Grundsatz der Datenminimierung | 35 |
| Grundsatz der Integrität und Vertraulichkeit | 37 |
| Grundsatz der Rechenschaftspflicht | 38, 42 f. |
| Grundsatz der Richtigkeit von Daten | 36 |
| Grundsatz der Speicherbegrenzung | 36 |
| Grundsatz der Transparenz | 34, 50 |
| Grundsatz der Zweckbindung | 34 |

## H

| | |
|---|---|
| Haftungsszenarien | 134, 136 |
| Handlungsanweisungen | 122 ff. |
| Haushaltsausnahme | 30 |
| Hessisches Datenschutzgesetz | 15 |

## I

| | |
|---|---|
| Impact Analyse im BCM | 119 |
| Implementierung der DSGVO | 123 |
| Indien | 25 |
| Informationspflichten | 50 ff. |
| Informationssicherheit | 120 |
| Informationssicherheitsmanagementsystem (ISMS) | 113 |
| Integrität | 37 |
| Interdisziplinarität | 112 ff. |
| Interessenabwägung | 44 |
| internationaler Datenschutz | 23 ff., 76 |

## J

| | |
|---|---|
| Japan | 26 |
| Joint-Controller | 69 ff. |

## K

| | |
|---|---|
| Kanada | 25 |
| Komplexität | 141 |
| Kontinuierlicher Verbesserungsprozess (KVP) | 94 |
| Koordinatoren für den Datenschutz | 124, 127 |

## L

| | |
|---|---|
| Landesdatenschutzgesetz | 21 |
| Landeskoordinatoren | 127 ff. |
| Lean Manufacturing | 92 |
| LegalTech | 137 ff. |
| Legitimate Interest Assessment | 44 |
| Löschkonzept | 60 ff. |

## M

| | |
|---|---|
| Managementsystem | 92 ff. |
| Musterschreiben „Widerspruch gegen Datenverarbeitung" | 64 |

## N

| | |
|---|---|
| Nachhaltigkeit | 141 |

## O

| | |
|---|---|
| öffentliches Interesse | 46 |
| Opt-in | 41 |
| Opt-out | 42 |

## P

| | |
|---|---|
| PDCA-Modell | 93, 95 |
| Personenbezogene Daten | 27 ff., 46 ff. |
| Privacy by Default | 110 ff. |
| Privacy by Design | 110 ff. |
| Prozesse | 116 ff. |
| Prozessorientierung | 138 |
| pseudonymisierte Daten | 31 |

# Sachregister

## Q
Qualitätsmanagementsystem
(DIN ISO 9000) 92

## R
räumlicher Anwendungsbereich
der DSGVO 26
Rechenschaftspflicht 38
Recht auf Auskunft 48, 53 ff., 118
Recht auf Berichtigung 48
Recht auf Datenübertragbarkeit 49
Recht auf Einschränkung
der Verarbeitung 49
Recht auf Information 48
Recht auf Löschung bzw.
Vergessenwerden 48, 57 ff.
Recht auf Widerspruch 49, 62 ff.
Rechtmäßigkeit 34
Rechtsgrundlagen der
Datenverarbeitung 40 ff., 47
Reputationsschäden 80
Richtigkeit von Daten 36
Risikobewertungen 132
Risikomanager 105
Rollen im Datenschutz 128

## S
Sanktionen 80
Schadensersatz 80
Segregation of Duties 108
Sensibilisierung 124 ff.
sensible personenbezogene
Daten 45 ff.
SHIT 122 f.
Singapur 26
Speicherbegrenzung 36 f.
Standardvertragsklauseln
(Standard Contractual
Clauses/SCCs) 74 f.
Südafrika 26

## T
Telekommunikation-
Telemedien-Datenschutz-
Gesetz, TTDSG 20
TOMs (Technische und
organisatorische
Maßnahmen) 82 ff.
Tone from the Top 98
Tools 100, 128 ff.
Total Quality
Management (TQM) 92
Train the Trainer 124 f.
Transfer Impact
Assessment (TIA) 75
Transparenz 34
Trennungsprinzip
(Segregation of Duties) 107 ff.

## U
USA 25

## V
Verantwortliche/r 30, 69 ff.
Verarbeitung personen-
bezogener Daten 14, 28 ff., 40 ff.
Verarbeitungsverzeichnis 77 ff.
Verbot mit
Erlaubnisvorbehalt 40, 47
Vermeidung von
Haftungsfällen 136
Verstöße gegen den
Datenschutz 131 ff.
Vertragserfüllung 43
Vertraulichkeit 37

## W
Werbung 62 ff.
Widerruf einer Einwilligung 42

## Z
Zertifizierungen 117
Zweckbindung 34 f.